Religião

Religião
Juvenal Savian Filho

FILOSOFIAS: O PRAZER DO PENSAR
Coleção dirigida por
Marilena Chaui e Juvenal Savian Filho

wmf **martinsfontes**
São Paulo 2012

*Copyright © 2012, Editora WMF Martins Fontes Ltda.,
São Paulo, para a presente edição.*

1ª edição 2012

Acompanhamento editorial
Helena Guimarães Bittencourt
Revisões gráficas
Letícia Braun
Otacílio Nunes
Edição de arte
Katia Harumi Terasaka
Produção gráfica
Geraldo Alves
Paginação
Moacir Katsumi Matsusaki

Dados Internacionais de Catalogação na Publicação (CIP)
(Câmara Brasileira do Livro, SP, Brasil)

Savian Filho, Juvenal
 Religião / Juvenal Savian Filho. – São Paulo : Editora WMF Martins Fontes, 2012. – (Filosofias : o prazer do pensar / dirigida por Marilena Chaui e Juvenal Savian Filho)

 ISBN 978-85-7827-544-0

 1. Religião 2. Filosofia I. Chaui, Marilena. II. Savian Filho, Juvenal. III. Título. IV. Série.

12-01371   CDD-210.1

Índices para catálogo sistemático:
1. Religião : Filosofia   210.1

Todos os direitos desta edição reservados à
Editora WMF Martins Fontes Ltda.
Rua Prof. Laerte Ramos de Carvalho, 133 01325.030 São Paulo SP Brasil
Tel. (11) 3293.8150 Fax (11) 3101.1042
e-mail: info@wmfmartinsfontes.com.br http://www.wmfmartinsfontes.com.br

SUMÁRIO

Apresentação • 7
Introdução • 9

1. Identificação da experiência religiosa • 17
2. O Iluminismo e a análise da Religião • 29
3. Os pensadores e a experiência religiosa • 46
4. Em busca de uma expressão filosófica para a experiência religiosa • 56
5. Conclusão • 66

Ouvindo os textos • 73
Exercitando a reflexão • 93
Dicas de viagem • 104
Leituras recomendadas • 110

APRESENTAÇÃO
Marilena Chaui e Juvenal Savian Filho

O exercício do pensamento é algo muito prazeroso, e é com essa convicção que convidamos você a viajar conosco pelas reflexões de cada um dos volumes da coleção *Filosofias: o prazer do pensar*.

Atualmente, fala-se sempre que os exercícios físicos dão muito prazer. Quando o corpo está bem treinado, ele não apenas se sente bem com os exercícios, mas tem necessidade de continuar a repeti-los sempre. Nossa experiência é a mesma com o pensamento: uma vez habituados a refletir, nossa mente tem prazer em exercitar-se e quer expandir-se sempre mais. E com a vantagem de que o pensamento não é apenas uma atividade mental, mas envolve também o corpo. É o ser humano inteiro que reflete e tem o prazer do pensamento!

Essa é a experiência que desejamos partilhar com nossos leitores. Cada um dos volumes desta coleção foi concebido para auxiliá-lo a exercitar o seu pensar. Os temas foram cuidadosamente selecionados para abordar os tópicos mais importantes da reflexão filosófica atual, sempre conectados com a história do pensamento.

Assim, a coleção destina-se tanto àqueles que desejam iniciar-se nos caminhos das diferentes filosofias como àqueles que já estão habituados a eles e querem continuar o exercício da reflexão. E falamos de "filosofias", no plural, pois não há apenas uma forma de pensamento. Pelo contrário, há um caleidoscópio de cores filosóficas muito diferentes e intensas.

Ao mesmo tempo, esses volumes são também um material rico para o uso de professores e estudantes de Filosofia, pois estão inteiramente de acordo com as orientações curriculares do Ministério da Educação para o Ensino Médio e com as expectativas dos cursos básicos de Filosofia para as faculdades brasileiras. Os autores são especialistas reconhecidos em suas áreas, criativos e perspicazes, inteiramente preparados para os objetivos dessa viagem pelo país multifacetado das filosofias.

Seja bem-vindo e boa viagem!

INTRODUÇÃO
Religião combina com Filosofia?

Muitos leitores podem talvez se perguntar: "Por que dedicar um volume à Religião em uma coleção de Filosofia? Elas não são contraditórias?"

De fato, quando adentramos o mundo filosófico ou científico, é comum encontrar críticas ferozes à Religião. Ela é considerada, muitas vezes, sinônimo de ideologia, superstição, infantilismo ou atraso cultural. "Como continuar falando de Adão e Eva depois da teoria do *Big Bang*? Ou do uso da burca depois dos movimentos feministas?"

Esse quadro é agravado quando, por exemplo, pensamos nos conflitos do Oriente Médio ou observamos a realidade brasileira e constatamos práticas obscurantistas não apenas de evangélicos radicais, mas também de católicos, protestantes, membros de religiões afro-brasileiras etc. Assim, se imaginarmos uma relação entre Filosofia e Religião, seremos tentados, num primeiro momento, a pensar que ela é de crítica e exclusão; afinal, o saber filosófico parece mais demonstrativo, fundado na "razão", ao passo que a prática religiosa seria não demonstrativa e fundada na "fé" ou "crença".

Precisamos abrir um parêntese aqui, a fim de esclarecer que o termo "demonstrativo", em geral, é usado para indicar um tipo de saber que pretende fundar em evidências suas afirmações. Esse recurso às evidências (empíricas ou lógicas) traduz uma experiência cuja interpretação é unânime; dizer algo contrário a essa interpretação seria absurdo. Mas não nos iludamos... Falar em evidência não é tão simples! Os cientistas, em altíssimo grau, pretendem que suas teorias sejam baseadas em evidência. Os filósofos, por sua vez, também pretendem que suas leituras do mundo sejam fundadas em evidência, mas em um grau menor do que o científico, pois nas interpretações filosóficas da existência não lidamos com provas inequívocas. Daí dizermos que, em Filosofia, nem sempre os pontos de partida são evidentes. Aliás, os melhores debates filosóficos dão-se no momento em que se tenta estabelecer o que é evidente. Mesmo nas ciências as provas nem sempre são inequívocas e baseadas em fatos rigorosamente evidentes. Basta pensar, por exemplo, em teorias físicas que oferecem leituras muitas vezes opostas da realidade, ou em concepções medicinais simplesmente antagônicas e, no entanto, igualmente eficazes. Então, perguntamos: com base nesses exemplos poderíamos falar de graus de evidência? Mas, se aceitarmos graus, como continuaremos a falar em evidência, se esta normalmente deveria implicar unanimidade? Por fim, apenas para acentuar a complexidade do tema da evidência e da demonstração, poderíamos evocar a "evidência" nas artes, na literatura etc., tomando como "evidente" (ao menos para o artista) a base experiencial a partir da qual ele opera; afinal, não é à toa que determinado artista considere "boa" ou "ruim" a arte de outro, ou que um escritor tome como "bom" ou "ruim" o texto de outro.

Aqui não iremos a fundo no tratamento dessa problemática, pois não é esse o objetivo deste livro. Já é suficiente tê-la trazido à tona. Em síntese, podemos dizer com segurança que os saberes e práticas humanos pretendem, geralmente, justificar-se por um recurso à evidência, demonstrando a veracidade de seus pontos de partida (seus pressupostos), e é da perspectiva dessa justificação que, quando alguém concebe a Filosofia como antagônica à Religião, parte do pressuposto de que o saber filosófico comporta-se como o científico, ou seja, sendo demonstrativo, ao passo que a Religião, dada sua natureza não demonstrativa, não poderia provar suas afirmações.

Essa postura beira, muitas vezes, a condenação da experiência religiosa, como se ela fosse uma prática antirracional. Por isso, seria inimaginável um filósofo crente; afinal, o "bom filósofo" seria exigente e crítico ao extremo. A respeito dessa caricatura, o pensador francês Maurice Merleau-Ponty (1908-1961), certa vez, ironizou a atitude de Jean-Paul Sartre (1905-1980), dizendo que muitos gostam da imagem do filósofo como um revoltado; afinal, não é difícil ser revoltado, sobretudo quando a revolta restringe-se ao campo das ideias... Basta falar, criticar, destruir e voltar para casa com a consciência aliviada, mesmo que isso tudo não produza nenhuma prática efetiva. Não seria diferente no caso da relação entre o filósofo e a Religião, uma vez que esta simbolizaria tudo o que há de autoritário e externo à racionalidade demonstrativa. Aliás, em muitos meios universitários, é um verdadeiro tabu ser religioso ou falar de Religião, pois alguns "acadêmicos" não concebem a possibilidade de alguém ser intelectualmente saudável e sofisticado sendo, ao mesmo tempo, crente.

Se, no entanto, fizermos um balanço da biografia dos filósofos mais conhecidos, chegaremos a um dado curioso, pois a maioria deles cultivou alguma forma de religiosidade. Apenas para citar alguns nomes dos séculos XX e XXI, temos o caso de Edmund Husserl (1859-1938), Edith Stein (1891-1942), Charles Sander Peirce (1839-1914), Henri Bergson (1859-1941), Maurice Blondel (1861-1949), Jacques Maritain (1882-1973), Max Horkheimer (1895-1973), Emmanuel Lévinas (1906-1995), Paul Ricoeur (1913-2005), Karl-Otto Apel (1922-), Alasdair MacIntyre (1929-), Anthony Kenny (1931-), Gianni Vattimo (1936-). No meio científico, encontramos Max Planck (1858-1947), Werner von Braun (1912-1977), Thomas Edison (1847-1931) e mesmo Albert Einstein (1879-1955), entre muitos outros.

Esses exemplos são intrigantes e instigam-nos a saber por que a reflexão filosófica, embora possa ser crítica da Religião, também pode interessar-se pela experiência religiosa e mesmo nutrir-se dela. Considerando a reflexão filosófica uma investigação que não deve excluir de antemão nenhum objeto de pesquisa (pois isso significaria uma antifilosofia), mas que se interessa por todas as manifestações autenticamente humanas, não nos parecerá estranho que os pensadores se voltem para a Religião, ainda que alguns terminem por romper com ela. Outros, a partir de sua vida, combiná-la-ão com a Filosofia, e a razão dessa "combinação" está, sem dúvida, na experiência pessoal.

Citando novamente o pensador Merleau-Ponty, autor do brilhante texto *Em toda e em nenhuma parte*, poderíamos pensar na relação entre a elaboração teórica universal de todo trabalho filosófico e a experiência individual de todo filósofo, dizendo que "aquilo que [a Filosofia] esboça em pontilhado, em termos nocionais, na paz do universal, só tem sentido pleno no irreparável e na parcialidade de uma vida. Mas, como não haveria ela [a Filosofia] de querer ser testemunha desta própria passagem? Como permaneceria no negativo e abandonaria o positivo a uma instância absolutamente diversa? É preciso que ela própria reconheça num certo pleno aquilo que desenhava de antemão num certo oco" (p. 174).

Assim, neste livro, procuraremos realizar uma abordagem filosófica da Religião, estudando, de modo geral, como os filósofos posicionaram-se diante da experiência religiosa e buscando delinear, em traços largos, o sentido que essa experiência contém no conjunto da vida humana.

1. Identificação da experiência religiosa

Uma das possibilidades de começar a abordagem filosófica da Religião consiste em analisar o modo como, na História, os filósofos tomaram posição com relação à experiência religiosa. Essa tarefa, no entanto, seria demasiadamente pretensiosa (vista a impossibilidade de resumir milênios de História), não fosse uma diferença clara que distingue os filósofos anteriores e posteriores ao Iluminismo quanto à postura diante da Religião. Tomando essa diferença como critério, poderemos delinear, de modo geral, duas posturas-chave que nos permitirão visualizar melhor aquilo que buscamos. Não tardaremos a enunciá-la; antes, porém, é conveniente esclarecer o que entendemos, aqui, por "experiência religiosa".

De saída, para evitar confusões conceituais, é preciso dizer que "experiência religiosa" não significa necessariamente "experiência mística", ou seja, experiência de percepção direta da divindade ou dos conteúdos da fé, conforme testemunham alguns representantes religiosos, desde os mais antigos, como Moisés (sécs. XIV-XIII a.C.), Buda (séc. VI a.C.) ou Maomé (570-632), por exemplo, até os mais recentes, como Mestre Eckhart (1260-1328), Teresa de Ávila (1515-1582) e Teresa de Lisieux (1873-1897). Segundo o testemunho dessas pessoas, foi-lhes dado intuir ou perceber diretamente, numa vivência particular, a presença divina ou o conteúdo daquilo em que criam; como, por exemplo, a totalidade do cosmo e a inter-relação de tudo o que existe. A experiência religiosa, mais comum e mais ordinária, apesar de poder incluir o evento místico, nem sempre o faz, pois ele é considerado um dom extraordinário, visando, pelo testemunho dos místicos, à edificação daqueles que não o vivenciam. Nesse sentido, a experiência religiosa refere-se à vida cotidiana na fé, integrando os aspectos maiores do ser humano: o componente intelectual, o componente voluntário e o componente afetivo.

Outro dado importante a esclarecer é que, rigorosamente falando, não seria apropriado referirmo-nos à "Religião" como se todas as manifestações religiosas fossem uniformes e homogêneas. Ao contrário, elas são profundamente diferentes. Mas, se buscarmos o modo como essas manifestações integram o componente intelectual, voluntário e afetivo do ser humano, chegaremos a elementos comuns que nos permitirão falar, de modo geral, em "experiência religiosa" ou "Religião". Nesse sentido, é muito útil para o nosso objetivo um livro publicado na França, em 1954, considerado um clássico dos estudos sobre a Religião: *L'expérience chrétienne* [A experiência cristã], de Jean Mouroux (1901--1973). Nessa obra, autor pretende estudar a experiência cristã, mas seus comentários introdutórios foram muito significativos na época e continuam inteiramente atuais para descrever a experiência religiosa em geral, pois, baseado numa postura analítico-existencial, o autor conseguiu reunir os elementos essenciais e comuns que permitem identificar uma experiência como religiosa.

1.1. A noção de experiência

Antes, porém, de continuar nossa exposição e apresentar esses elementos, convém esclarecer dois aspectos de nosso vocabulário:

(a) empregamos, neste livro, a expressão "experiência religiosa" e o termo "Religião" como sinônimos, pois o que pretendemos acentuar, ao falar de "Religião", é a vivência pessoal que ela exprime e à qual ela dá uma forma histórica. Isso não quer dizer que desprezamos o aspecto institucional das religiões, ou seja, as estruturas de organização e de poder. Aliás, adiante, neste livro, também abordaremos esse aspecto. O que pretendemos, ao tomar "experiência religiosa" e "Religião" como sinônimos, é partir do pressuposto (extraído da vivência histórica) de que a natureza propriamente existencial das religiões distingue-se de sua dimensão institucional, tornando-a mesmo secundária (embora não dispensável no caso de algumas tradições);

(b) ao falar de "experiência", não nos referimos apenas à noção filosófica de experiência sensível (a vivência baseada nos cinco sentidos ou vivência empírica), nem à oposição entre experiência e pensamento (oposição, aliás, muito questionável). Não podemos, evidentemente, no espaço deste livro, estudar a fundo o termo "experiência", que é um dos mais ricos da história da Filosofia. Por isso, para resumir nossa posição, tomamos por "experiência" o movimento total da vida do espírito humano, aí incluídas a dimensão sensível (a vivência sensorial ou empírica), a dimensão afetiva (a dinâmica dos sentimentos) e a dimensão intelectual (o que chamamos de pensamento). Também poderíamos falar, de modo geral, de "consciência". Pretendemos, em síntese, apontar para a vivência do conhecimento como forma de relação ativa entre aquele que conhece e aquilo que é conhecido. A vivência consciente de um indivíduo, sendo, por sua vez, comparada com outras vivências individuais e aferida por elas, faz-nos dizer que a experiência é também intersubjetiva. Tal maneira de falar da experiência põe-se em continuidade com o que disseram, por exemplo, Aristóteles (384-322 a.C.) e Tomás de Aquino (1225-1275), ao afirmarem que "o inteligente em ato é o inteligível em ato" (cf., entre outros textos, ARISTÓTELES, *A alma* III, 430a4; TOMÁS DE AQUINO, *Suma contra os gentios* II, cap. 59). Essa aparente tautologia contém algo de profundo, pois remete à vivência em que algo apresenta-se àquele que o conhece e este assume sua presença, identificando-se de certo modo com ele. Assim, ao falar de "experiência religiosa", pretendemos remeter a uma vivência consciente em que a pessoa depara-se com um sentido (uma presença) de ordem propriamente religiosa. Para entender o que seria essa ordem propriamente religiosa, retomemos a descrição registrada no livro de Jean Mouroux, citado anteriormente.

1.2. Componentes da experiência religiosa

O componente intelectual da experiência religiosa é dado por uma referência de toda a vida à divindade, orientando, assim, o específico de uma experiência religiosa. O divino é considerado a Verdade, e, no ato religioso, a pessoa se encontra em relação com ele, aderindo a ele por meio de uma afirmação que é um "sim" de sua inteligência à verdade superior e à verdade de seu ser de criatura. Além disso, há o componente voluntário, pois a experiência religiosa é necessariamente um ato de liberdade e, mais exatamente, de generosidade que fundamenta e institui a relação. A pessoa aceita-se na situação de criatura, acolhe a grandeza e a santidade do divino, submetendo-se a ele e engajando todo o seu destino em servi-lo. Por fim, o componente afetivo está no fato de que o conjunto de atos pelos quais a pessoa decide seu destino e aperfeiçoa seu ser, oferecendo-o à divindade, faz que ela vibre de um modo infinitamente profundo e desperte em si o poder da alegria, numa experiência que lhe é desconhecida enquanto ela não tenha encontrado o infinito. Assim, a pessoa experimenta a si mesma e sente-se envolvida, chamada, de modo que a consciência e o acolhimento dessa vocação expandem-se num sentimento profundo de adoração, de ação de graças, de súplica, de humildade exaltante; há uma vibração de todo o ser visitado até as entranhas pelo divino que o penetra e o ultrapassa infinitamente. No caso das religiões "ateológicas", isto é, das religiões em que não se crê na existência de um ser divino pessoal (um ser divino visto analogicamente como se fosse uma "pessoa" com a qual se pode estabelecer uma relação dialogal), como é o caso, por exemplo, do budismo, do taoismo, do kardecismo etc., o componente afetivo é certamente vivido de modo diferente, pois não se desperta propriamente amor por um ser específico, mas a afetividade é certamente implicada, na medida em que a experiência da totalidade e o senso da finitude/infinitude despertam uma satisfação e uma alegria no ato de viver.

Esse sentido de ultrapassamento e infinito faz que o divino seja considerado transcendente, ou seja, situado "acima" da criatura, para "além" de tudo o que é finito e perecível. Mas não se trata de conceber o transcendente como algo que está desconectado da criatura, pois, pela experiência religiosa, o transcendente é captado na imanência, na condição concreta e limitada da vida. Estar "acima" ou "além" não significa estar separado, mas ter um ser que excede os limites da finitude. Aliás, do ponto de vista etimológico, é possível tomar o termo "transcendente" não como o que está "além", mas como aquilo que "atravessa" o imanente, o perpassa, o sustenta e o fecunda.

Poderíamos ver, ainda, como condição da experiência religiosa, dois componentes sociais: um ativo e um comunitário. Assim, a Religião deve mostrar-se um engajamento que envolve toda a vida, comanda a atividade concreta do indivíduo e traduz-se em ações precisas. Na pessoa religiosa, todos os atos tornam-se atos inspirados e consagrados; a busca e o serviço do divino não conhecem limites nem domínios fechados (componente ativo). E porque o ser humano, perante o divino, é sempre como um membro de uma imensa família, ele não pode procurar e encontrar o transcendente se não ajudar os outros a procurá-lo e a encontrá-lo. A liberdade própria do ser humano não pode consagrar-se ao divino a não ser consagrando-se à busca do desígnio transcendente e à sua instauração na humanidade (componente comunitário).

1.3. O termo "religião"

Essas características, com o passar do tempo, foram sendo associadas ao termo "religião" (*religio*, em latim). Vale dizer, porém, que os antigos pensadores romanos ou gregos não dispunham de uma noção ou conceito para exprimir a vivência que, nas línguas modernas, designa-se pelo termo "religião". Aliás, da perspectiva etimológica, o sentido da palavra *religio* permanece discutido desde a Antiguidade. Tudo indica que ela tenha ocorrido pela primeira vez na obra de Cícero (106-43 a.C.), que a relaciona ao verbo *relegere*, "reler", "rever com cuidado". Por sua vez, *relegere* remete à noção de *legere*, que, originalmente, significava "colher", "juntar", "rever o que se fez", "retomar pelo pensamento". Em todo caso, o uso do termo evoluiu para o uso cristão, como se observa, por exemplo, em Lactâncio (c. 250-c. 320), no sentido de *ligare* e *religare*, "unir", "ligar", "religar". A *religio* seria, então, o que liga ou religa os humanos ao divino e, por isso, os humanos entre si.

Não se pode deixar, porém, de apontar para a complexidade histórica que envolve o surgimento e a evolução do termo *religio*. Embora tenhamos dito, no parágrafo anterior, que os antigos pensadores romanos ou gregos não dispunham de uma noção ou conceito para exprimir a vivência que, nas línguas modernas, designa-se pelo termo "religião", não podemos esquecer que, no caso dos gregos, seu vocabulário dispunha de três termos muito marcantes cuja função era a de exprimir experiências não distantes do sentido moderno. Na verdade, havia um conjunto razoavelmente grande de termos "religiosos", haja vista toda a relação de termos derivados da raiz *theo*, "o deus", "o divino". Mas três deles merecem destaque: (1) o primeiro é *eusébeia*, que, em Ésquilo, por exemplo, significa a disposição interior da piedade e o amor pelos deuses, ou mesmo o amor filial; (2) o segundo é *threskeía*, no sentido mais exterior da prática religiosa, o respeito pela divindade por meio da observância externa; (3) por fim, *theosébeia*, que, além de significar a piedade, no sentido da disposição interior de respeito pelo divino, também designava a pessoa religiosa ou a característica distintiva do religioso. No caso dos romanos, tampouco seria justificável esquecer que é o sentido dado por Cícero à palavra *religio* na obra *A natureza dos deuses* II, 28, que será retomado por autores cristãos como Santo Agostinho (354-430) e Lactâncio. É também Cícero quem distingue *religio* e *superstitio* (superstição).

Essa elaboração do termo *religio* aponta, sem dúvida, para um sentido que está na base da significação que damos ao termo "religião". A diferença inexistente entre gregos e romanos vem da tradição que começa a ser elaborada nos últimos livros judaicos do assim chamado Primeiro ou Antigo Testamento e levada a acabamento por Jesus de Nazaré, sendo explicitada pelos autores cristãos como a confiança em Deus, visto como pai, numa relação de pessoa a pessoa. Seja como for, é essa gama de matizes que fundamentou, na tradição ocidental, a tendência a falar da razoabilidade ou "racionalidade" da religião, distinguindo-a de suas formas supersticiosas.

Identificadas essas características da experiência religiosa, que se realizam em maior ou menor grau nas diferentes religiões, podemos perguntar pelo modo como os filósofos posicionaram-se diante dela.

2. O Iluminismo e a análise da Religião

Como dissemos no início do Capítulo 1, seria pretensioso demais querer resumir em poucas palavras o modo como os filósofos relacionaram-se com a experiência religiosa; afinal, é impossível fazer uma apresentação fiel de todas as filosofias elaboradas no decorrer dos séculos.

Há, todavia, uma chave de leitura que nos permite observar dois tipos básicos de relação dos filósofos com a Religião. Essa chave de leitura é a maneira como, a partir do Iluminismo, a Religião se tornou um objeto de reflexão para a Filosofia. Isso significa que, a partir do trabalho teórico realizado pelos autores iluministas, surgiu uma tendência de considerar a Religião como apenas mais um tema de investigação, assim como os filósofos passaram a falar de "temas" como a arte, o conhecimento, a ética, a ciência, a técnica etc.

Por "Iluminismo" entendemos, aqui, aquela "tendência" filosófica e aquele período que, na historiografia ocidental, referem-se ao tempo situado entre fins do século XVII e inícios do século XVIII, com término no resultado final das guerras napoleônicas. Também conhecido como "Século das Luzes", esse período foi caracterizado por uma série de tradições, advindas da Filosofia, da Religião, do Direito e das mais variadas áreas do saber, unidas a partir de um núcleo ideário comum, constituído pela crença no progresso e na perfectibilidade humana, além da afirmação do conhecimento racional como via de superação dos antigos paradigmas filosóficos.

Na linha de Immanuel Kant (1724-1804), o Iluminismo (*Aufklärung*) é libertador do ser humano; torna-o livre pelo uso da razão, liberando-o daquilo que Kant denominou de "tutela". Implica, portanto, a afirmação da possibilidade de um mundo melhor, resultante não mais da ação da graça divina ou de algo que o valha, mas da capacidade racional de desenvolvimento das faculdades humanas. Como consequência direta, o Iluminismo insistia no engajamento político que objetivava a melhoria da vida, e não é exagerado dizer que esse movimento influenciou o destino da humanidade, sobretudo pela elaboração política da noção de Estado-nação.

O estudo do Iluminismo fornece-nos uma chave para compreender o modo como os filósofos posicionaram-se diante da experiência religiosa, pois, como dissemos, a Filosofia (ou ao menos os filósofos hegemônicos ou mais influentes) passou a tratar a Religião como apenas mais um objeto de pesquisa. Na verdade, ao tomá-la como "mais um objeto", a Filosofia separa-se da Religião; libera-se dela. Não é à toa que, em vista dessa separação, nasce nesse período uma disciplina filosófica chamada de Filosofia da Religião, pois cabia, então, produzir uma investigação especificamente filosófica a respeito da experiência religiosa.

Alguns autores iluministas produzirão críticas violentas da Religião, mas é preciso lembrar, a bem da clareza histórica e filosófica, que, muitas vezes, esses autores não se dirigiam ao fato religioso em si nem ao sentimento religioso em geral e cristão em particular. Em outras palavras, não rejeitavam a experiência religiosa, mas tinham como alvo o obscurantismo religioso majoritariamente vigente na época, representado sobretudo por líderes religiosos, textos e manuais apologéticos que, incapazes de dialogar com a cultura, terminavam por defender teses obsoletas. Para visualizar melhor a complexidade histórico-filosófica desse embate é bastante útil a leitura do verbete *Religion*, escrito para a *Encyclopédie*, no século XVIII, por Louis de Jaucourt (1704-1779), médico, filósofo, teólogo calvinista e discípulo de Montesquieu.

2.1. Religião e Filosofia antes do Iluminismo

Para compreender melhor essa separação (e, por conseguinte, entender o modo como os filósofos relacionaram-se com a experiência religiosa a partir do Iluminismo), é importante lembrar que a Filosofia nasceu e desenvolveu-se em inter-relação direta com a Religião, e foi necessário que decorressem vários séculos antes que esta se tornasse um objeto específico da reflexão filosófica. Antes do Iluminismo (e mesmo do século XVI), a Religião era o horizonte "infinito" para as conquistas parciais da razão filosófica; os temas religiosos, fermentos de Filosofia, não eram objetos de uma problematização filosófica. Ao contrário, a Filosofia permanecia conectada ao ritmo religioso.

A genealogia mesma da Filosofia predestinava-a a uma concordância tensional com a Religião, e, depois dos trabalhos de Jean-Pierre Vernant (1914-2007) – principalmente *Mito e pensamento entre os gregos* – e Werner Jaeger (1888-1961) – principalmente *A teologia dos filósofos gregos* –, não é mais possível negar que foi a tradição mítico-religiosa que fez nascer a investigação filosófica. A Filosofia, assim, não nasceu de uma pura admiração racional (um *thaumátzein* intelectual), como se pensava, mas desenvolveu-se a partir de significações já disponíveis nos mitos, as quais reclamavam por elaborações intelectuais.

Como lembra o professor belga Antoine Vergote (1921-), num artigo denso e rico, intitulado *La religion comme épreuve paradoxale pour la philosophie* [A religião como desafio paradoxal à filosofia], o lugar da Verdade permanece durante muito tempo na linguagem simbólica pela qual a Religião antecipa o trabalho filosófico e abre para ele os campos do conhecimento teórico. Em Platão (428-348) isso é nítido, e mesmo Aristóteles, que pretende elaborar uma filosofia sobre bases puramente racionais, toma referências da Religião: quando situa o divino como acabamento do sistema do mundo, ele não o inventa, mas refere-se a um dado religioso preestabelecido. Essa verdade, tanto quanto as experiências naturais, dá-lhe a pensar filosoficamente, e sua filosofia se desenvolve tão bem em meio a significantes religiosos que ela representará um modelo para os acordos medievais da fé judaica, cristã e muçulmana com o pensamento filosófico. O próprio projeto de constituição de uma metafísica (tão comum ainda entre modernos e iluministas) é, aliás, a herança da linguagem religiosa segundo a qual os fenômenos esparsos formam uma unidade cósmica por causa de sua gravitação em torno do ser divino.

As religiões reveladas conduziram o espírito humano, assim, a reconhecer explicitamente contribuições fundamentais para o pensamento filosófico, pois, introduzindo uma instância exterior à razão demonstrativa, propuseram nós de significação que precederam e guiaram o esforço de intelecção. Os três grandes monoteísmos foram responsáveis, por exemplo, pela introdução da noção de criação do mundo, o que permitiu resolver vários problemas filosóficos e extrair consequências importantes. Do lado cristão (de cuja influência majoritária todos no Ocidente são testemunhas) vieram muitas noções que hoje parecem naturais ao saber filosófico. A esse respeito também já falou Merleau-Ponty no texto citado anteriormente, mencionando, entre outras, as noções de liberdade, História, subjetividade infinita etc., que não poderiam ser roubadas do Cristianismo e atribuídas a uma razão "universal", sem terra natal.

Esses dados históricos levam a concluir por uma relação de conaturalidade entre a experiência religiosa e a reflexão filosófica na Antiguidade e na Idade Média. Isso quer dizer que os pensadores não se debruçavam sobre a Religião para refletir "de fora" sobre ela, mas nutriam-se do ambiente religioso, vivendo como que num dinamismo de simbiose ou de mútua fecundação. Entretanto, é preciso também dizer que, mesmo garantindo a autonomia do saber filosófico, a fé determinava limites para ele, pois o universo a ser desvelado pela razão demonstrativa guardava uma profundidade que a razão filosófica não seria capaz de descobrir; afinal, mesmo sendo uma realidade substancial, sua face metafísica não era senão o sinal da "verdadeira" realidade transcendente. Isso não queria dizer que o universo revelado pela Filosofia fosse uma ficção, pois ele era sinal e mediação necessária, e sua identidade lógica era dizível. Mas o horizonte da plenitude e infinitude era revelado pela Religião.

Nos casos de crítica da Religião, ela não significava tomar a experiência religiosa como mero objeto, ou como objeto de uma "Filosofia da Religião", pois quando observamos, por exemplo, as críticas de Platão, vemos que ele se dirige à irracionalidade da Religião pública, quer dizer, a Religião não iniciática ou as mitologias. Mas ele mesmo nutria-se do ambiente religioso, recorrendo a elementos órficos para elaborar, por exemplo, a tese central de sua filosofia, a reminiscência. Um caso ainda mais flagrante seriam as críticas de Epicuro (c. 341-c. 271 a.C.), pois, diante do irracional e do imaginário presentes nas religiões, ele chegou a associar Religião com superstição. Mas não se pode dizer que ele fosse "ateu", e sim que denunciava certas práticas obscurantistas. Na *Carta a Meneceu*, ele aponta para o fato de que a multidão contém uma representação falsa da divindade. Seu epígono latino, Lucrécio (96-53 a.C.), lamenta, no poema *A Natureza*, o fato de os humanos atribuírem poderes excessivos aos deuses (cf. *A Natureza* V, verso 1195).

2.2. Religião e Filosofia a partir do Iluminismo

Dizer isso, porém, não nos autoriza pensar que os gregos e romanos desenvolveram uma concepção de fé e Religião ao modo dos judeus, cristãos e muçulmanos, pois, como já dissemos, é um dado relativamente assentado, do ponto de vista histórico, que eles não praticavam a fé no sentido da confiança em um ser divino e da adesão pessoal a ele.

De todo modo, será apenas nos tempos do Iluminismo que essa dinâmica mudará. Em função dos princípios racionalistas, a Religião não será mais aquela "outra interna" que envolve a razão, mas a "outra externa", fenômeno cultural entre vários, obra humana na qual se misturam razão e desrazão e da qual será preciso fazer a "crítica", extraindo suas virtudes.

Georg W. F. Hegel (1770-1831), por exemplo, afirma que, para o Iluminismo, a utilidade é um conceito fundamental e um critério de verdade. Esse princípio rege a triagem que se deve fazer nas formas e enunciados disparatados das religiões. Também Montesquieu (1689-1755) diz que todas as religiões contêm princípios úteis à sociedade. Assim, o princípio de utilidade será a forma social da razão. No que toca à Religião, portanto, a razão filosófica a legaliza ou a critica segundo os efeitos práticos que ela produz na sociedade que se quer construir. Mas será a razão a iluminadora das práticas e crenças, discernindo as contribuições éticas.

Essa mudança cultural atribui à razão demonstrativa, de certo modo, o poder de decidir sobre a Religião, e a Filosofia tomará como tarefa a fundamentação da Religião na razão ou a "exumação de seus fundamentos fictícios". Assim, mesmo que a Filosofia chegue a justificar a Religião, ela a reconduz aos limites da razão, e as relações entre ambas invertem-se. Isso não quer dizer que a razão filosófica se tenha reduzido a uma axiomática social; a subjetividade pode mesmo impor-se como irredutível à história do progresso social, como em Immanuel Kant, por exemplo. O que ocorre é que a razão filosófica se torna o princípio de uma reinterpretação que pretende verificar nas religiões as verdades que elas contêm e aquelas que elas dissimulam. Quando Kant, por exemplo, na *Crítica da razão prática*, reserva um lugar de fundamento a Deus, tem-se a impressão de que a ética kantiana parece reencontrar sua ancoragem num dado religioso que a ultrapassa, mas, visto de perto, o caminho percorrido por Kant também opera a inversão da relação entre Filosofia e Religião, pois é explicando-se consigo mesma que a razão teórica abre-se a um domínio que lhe é estranho. Em outras palavras, requerida pela razão teórica para garanti-la, a fé religiosa, em Kant, não se justifica por si mesma; ela é, de agora em diante, convocada diante do tribunal da razão e tem de se justificar perante ele. A Religião abriga-se no vazio que a própria razão abre no momento em que ela precisa retomar sua operacionalidade, e a Religião não obtém sua legitimidade e seu sentido senão no projeto da razão teórica. Mesmo abrindo esse vazio, a razão teórica pretende continuar um sistema; é ela que decide sobre os limites daquilo que a ultrapassa.

Posteriormente, as ciências quiseram mostrar certo desprezo pela ideia de "sistema", referindo-se às filosofias modernas e criticando-as como tentativas de construir "monumentos de totalidades doutrinais". Mas podemos perguntar se as ciências não seguem o modelo filosófico iluminista quando visam à objetivação radical e quando se justificam epistemologicamente pela abordagem reflexiva de suas operações. Julgando os "sistemas" como uma forma de saber conjectural, as ciências positivas reabilitam a vontade filosófica de ultrapassar as opiniões, de modo que a inversão da definição da objetividade inscreve-se ainda nas pegadas do ideal da razão teórica moderna. Isso faz que o projeto mesmo da ciência retome a atitude ambígua da Filosofia com relação à Religião. Aliás, o cientificismo não é fruto do acaso; ele se radica na crença de poder reconstituir teoricamente o mundo como sistema unificado e totalizado. Medida por esses parâmetros, a fé não parece senão uma crença, no sentido mais raso do termo, ou um modo conjectural de conhecimento, uma opinião desprovida de certeza, algo como o que Ludwig Feuerbach (1804-1872) descrevia em *A essência do cristianismo*, ao dizer que Deus é o conceito que suplanta a falta de teoria.

O que podemos perceber nesse processo histórico das formas filosóficas é uma mudança na concepção da razão humana e de suas possibilidades de conhecimento. Na Antiguidade e na Idade Média, as concepções antropológicas visualizavam a razão como uma capacidade de captar o sentido das coisas tais como elas se apresentam àquele que as conhece. Na Modernidade e no Iluminismo, dadas a influência dos novos fatores históricos e as novas racionalidades empiristas e racionalistas, houve uma mudança na antropologia filosófica, pois, então, os filósofos puseram em destaque os limites e as possibilidades do conhecimento humano. Operou-se, por isso, outra inversão: não são mais as coisas que determinam aquilo que o ser humano pode conhecer, mas é o sujeito do conhecimento que delimita seu campo de investigação. Os contornos desse campo serão dados pela ênfase na percepção sensível e na filtragem realizada pelo aparelho mental. Dessa perspectiva, aquilo que não é captado pelos cinco sentidos e processado por determinadas categorias mentais não pode ser considerado "racional" ou "científico".

Isso é o que parece explicar a dificuldade que muitos pensadores encontraram para exprimir, em termos filosóficos, a experiência estética, ética e religiosa. Explica também a reação de outros filósofos ao pretenderem alargar a concepção de razão, como foi o caso do movimento a que se convencionou chamar de Romantismo. Os românticos, por exemplo, Friedrich Schlegel (1772-1829) e Novalis (1772-1801), insistiram em que a experiência poético-literária e mesmo a religiosa eram maneiras específicas de captar e exprimir formas de verdade da experiência humana, diferentes da "razão" e não sujeitas aos critérios determinados pelo racionalismo. Também já nas raízes históricas do Iluminismo, houve posturas críticas como a de Blaise Pascal (1623- -1662), entre outros, pois, segundo Pascal, a razão não podia ser considerada a única fonte de certeza, havendo, ao seu lado, o coração, cujos princípios fundamentavam, por exemplo, os axiomas matemáticos.

Dizer isso, porém, não significa tecer uma crítica generalizada ao Iluminismo, cujos benefícios são extraídos até hoje na Filosofia e nas ciências. Aliás, do ponto de vista histórico, é possível interpretar a "tendência" iluminista como algo que decorre diretamente das mentalidades greco-romana e judaico-cristã-muçulmana que fecundaram a Filosofia e o saber científico desde as origens de ambos. Parece possível, entretanto, apontar para o fato de que, paulatinamente, mesmo os filósofos que se mantiveram em continuidade com a postura iluminista deram-se conta da necessidade de não associar a consciência humana apenas à razão demonstrativa. Em outras palavras, percebeu-se a necessidade de ampliar os horizontes da razão, considerando racional não apenas aquilo que a própria razão assim considerava. Também não parece necessário cair no irracionalismo, como fizeram alguns pensadores; afinal, nada seria mais estranho do que determinar o que é uma postura antirracional usando critérios da própria razão.

Seja como for, é certo que a Filosofia, em nossos dias, transformou-se profundamente, inclusive e sobretudo em reação contra a desmedida de seus rebentos científicos e instruída pela observação de enigmas insolúveis. No que diz respeito à experiência religiosa, há filósofos e cientistas que não mais a menosprezam. Isso explica por que um pensador como Georges Bataille (1897-1962), por exemplo, mesmo não sendo propriamente religioso, concebe a prática religiosa, em sua obra *Teoria da religião*, como forma de o indivíduo arrancar-se ao mundo da utilidade e do tecnocientificismo. A Religião, assim, permitindo experimentar o absoluto, apresenta-se como a realização de um paradoxo: é necessário morrer para o mundo a fim de reencontrar a presença do divino, isto é, verificar a insignificância do mundo caso ele não seja habitado pela divindade.

2.3. Absurdo e desespero

A proximidade entre a Religião e a experiência da insignificância do mundo permite compreender por que muitos filósofos contemporâneos a nós são atraídos pelo tema do desespero. Por exemplo, Martin Heidegger (1889-1976), no início do século XX, fora inspirado pelo tema da morte; Albert Camus (1913-1960), por sua vez, dissera não poder ter fé em algo transcendente por considerar inexplicável, diante do absurdo do mal, a existência de um ser divino. Mas é justamente nesse quadro de encontro com o absurdo e o desespero que pensadores crentes parecem encontrar a razão de sua fé. Dito de outra maneira, muitos pensadores encontram, por sua vivência concreta, pessoal, marcada também pelo sofrimento e o desespero, uma fonte de sentido e inspiração na experiência religiosa.

Assim, se quisermos adentrar uma análise dessa experiência, devemos tomar como base não opiniões filosóficas sobre a Religião, mas os relatos de vivência concreta. Do contrário, correremos o risco de ficar apenas em um debate de ideias, que podem não passar de interpretações infundadas, deixando a experiência concreta escapar-nos por entre os dedos; ou cair em elaborações conceituais (ao modo racionalista e iluminista, em sentido pejorativo), e passar ao largo do que é realmente vivido na experiência religiosa.

Como, porém, boas ideias filosóficas não deixam de refletir vivências pessoais, é-nos também útil analisar a posição teórica de alguns pensadores a respeito da Religião, sobretudo daqueles que mostram ter vivido realmente em ambiente religioso. É o que faremos agora. Em seguida, levaremos adiante a tentativa de perscrutar o sentido da experiência religiosa no conjunto da vida humana.

3. Os pensadores e a experiência religiosa

Considerando o Iluminismo sob a perspectiva que adotamos no Capítulo 2, torna-se compreensível o modo como os filósofos, a partir dos séculos XVII e XVIII, passaram a referir-se à Religião. Torna-se mesmo compreensível o surgimento do ateísmo, fenômeno moderno, pois a análise da experiência religiosa levou muitos pensadores a negar a existência de qualquer fundamento divino. Na contrapartida, outros pensadores viram-se instados a defender a Religião, postura que praticamente inexistiu na Antiguidade e na Idade Média, quando o dado religioso era visto como "natural", sem necessidade de defesa.

Como também já dissemos, as críticas à Religião anteriores à Modernidade não pareciam visar à destruição dela, pois não se concentravam na experiência religiosa, ou melhor, em seu caráter vivencial, mas nas formas institucionais questionáveis, geradoras de superstição e abuso de poder. O que passa a haver, a partir do

Racionalismo e do Iluminismo, é a tentativa de pôr em xeque a própria experiência. Em outras palavras, passa-se a atacar não mais as expressões da fé, mas a fé mesma e o seu fundamento divino. É por isso que se costuma dizer que o ateísmo é um fenômeno recente.

Para representar, em linhas gerais, essas posturas de crítica e legitimação da Religião, escolhemos aqui três "tendências": uma, que explica a origem metafísica da Religião; outra, que trata de sua conotação política; por fim, uma que a analisa do ponto de vista psicológico. Seguimos essas três frentes pois elas parecem recobrir as áreas de investigação típicas da Modernidade e da Contemporaneidade. No sentido da crítica, escolhemos Baruch de Espinosa (1632-1677), Karl Marx (1818-1883) e Sigmund Freud (1856-1939); no sentido da legitimação, Friedrich Schleiermacher (1768-1834), Claude Lefort (1924-2010) e Donald Winnicott (1896-1971).

3.1. Críticas da Religião

O caso de Baruch de Espinosa é muito instigante, pois alguns trechos de sua obra dariam a entender que há uma Religião verdadeira e mesmo um Deus verdadeiro. Mas essa Religião e esse Deus não podem ser concebidos ao modo da transcendência de que falamos anteriormente, pois Espinosa constrói uma metafísica inteiramente sem transcendência, ou seja, uma explicação do ser, da Natureza, sem recorrer à ideia de uma causa transcendente, exterior à ordem das coisas. Para ele, Deus é autoprodutor e, nesse sentido, coincide com a Natureza. A verdadeira Religião, assim, será o conhecimento racional de Deus, não um ato de fé. Como consequência, as formas religiosas que creem em um ser transcendente serão tratadas por Espinosa como superstição, e a raiz de sua concepção está no modo como ele entende o ser humano: dotado de um esforço para perseverar na existência (*conatus*, em latim), o indivíduo pode agir apropriando-se de todas as causas exteriores que aumentam seu poder de perseverança ou deixando-se vencer por causas exteriores que o diminuem. Essas causas exteriores que diminuem seu poder são chamadas por ele de "paixões", e a origem da Religião como superstição estaria nas paixões tristes. Os humanos dominados pelo medo produzem superstições que alimentam e conservam o próprio medo.

Como exemplo, Espinosa cita Alexandre Magno, que, apesar de toda sua força, teve medo diante das portas de Susa e recorreu aos adivinhos.

O uso que o poder político pode fazer dessa raiz passional da Religião é previsível, e é em continuidade com essa linha interpretativa que Karl Marx conceberá a experiência religiosa. Para ele, a Religião projeta algo como a realização imaginária de uma essência humana, pois, a rigor, não haveria essência humana. Mas, para protestar contra sua miséria, os humanos suspiram e dão alma a um mundo sem coração, permitindo que formas de poder instituído continuem a oprimi-los. No dizer de Marx, lutar contra a Religião implica lutar contra esse mundo do qual a Religião é o aroma. Esse aroma religioso seria o ópio que entorpece o povo.

Numa linha psicológica, mas sem romper com a concretude vinda de Marx, de Espinosa e, principalmente, do positivismo científico e da teoria da evolução das espécies de Charles Darwin (1809-1882), Sigmund Freud interpreta as ideias religiosas como realizações de desejos infantis, pois, em sua análise, o indivíduo religioso é alguém que não pode suportar a experiência da falta de proteção paterna durante toda a vida; diante da impressão aterrorizante do mundo, angustia-se e apazigua-se pensando em uma força divina. A Religião seria, assim, uma forma de obstáculo à obtenção da maturidade.

3.2. Legitimações racionais da Religião

Outras concepções, entretanto, foram desenvolvidas no sentido da legitimação racional da Religião. Não se tratava, propriamente, de defender a Religião perante a razão, pois, no limite, a experiência religiosa não precisa justificar-se perante o tribunal da razão demonstrativa. Tratava-se, segundo certos autores, de um sentido geral de mostrar a estreiteza da compreensão racionalista da Religião. Explorar-se-á a tese fundamental de que a razão, tal como concebida por racionalistas e iluministas, não está apta a delimitar seus próprios limites, como se ela fosse o juiz num processo em que ela mesma é o réu. Em outras palavras, não faria sentido que o ser humano, servindo-se da razão, determinasse o que não é racional ou científico, pois esse irracional ou não científico seria racionalmente identificado.

Dessa perspectiva, segundo Friedrich Schleiermacher, para chegarmos a bem compreender a Religião é preciso distingui-la da metafísica e da moral, a cujas análises tentou-se repetidas vezes reduzi-la. No dizer de Schleiermacher, a experiência religiosa confere uma densidade nova à vida humana, devendo ser concebida naquilo que esta tem de específico: o sentimento de elevação do inferior ao superior e o sentimento de que essa elevação não pode vir do próprio ser humano. Ele exprime essa vivência como "um sentimento de dependência": a Religião restitui ao ser humano o sentimento do absoluto e da totalidade, exatamente onde a reflexão e a ação oferecem apenas uma imagem parcial e imperfeita do mundo. Schleiermacher não quis dizer, porém, que a Religião é apenas ligada aos afetos, ao foro íntimo, mas implica naturalmente também o uso da inteligência, sem, porém, reduzir-se a ela. Chamando-a de "sentimento", Schleiermacher criou uma nova tendência na compreensão da Religião, relacionando a experiência religiosa com a vivência da subjetividade (a dimensão da vida íntima, da consciência), e foi seguido por autores como Rudolf Otto (1869-1937), que analisou diferentes manifestações religiosas e identificou em todas elas a experiência comum do sentimento de um estado de criatura (na linha da dependência tematizada por Schleiermacher) e a percepção de um mistério que toca e no entanto ultrapassa o ser humano, causando-lhe reverência e o fascinando (o Numinoso).

Essa nova maneira de conceber a experiência religiosa situa seu conteúdo para além dos pertencentes à razão demonstrativa, mas sem contradizê-la. Assim, o conteúdo da fé, apesar de suprarracional, não seria irracional, e crer nele não seria contrário à vida humana, mas uma forma de realizá-la em plenitude. A Religião passa a situar-se, portanto, no campo do simbólico, como a arte e a ética, cujos dinamismos são irredutíveis a explicações racionalistas. "Simbólico", porém, não quer dizer apenas "metafórico", como uma fábula, mas indica a dimensão humana que transcende os procedimentos racionais-demonstrativos que tinham sido erigidos como única fonte de verdade e certeza na Modernidade. Ele estaria ligado ao que Paul Ricoeur (1913-2005) chamou de "atividade poética", o dinamismo do sentimento (que não se reduz à emoção nem à paixão) que é uma relação carnal com o mundo, ligando a si a linguagem e restituindo um sentido às coisas.

Do ponto de vista político, então, não se pode mais conceber a Religião como mera instância de poder. Embora ela se exprima em instituições sócio-político-econômicas, estas não podem ser identificadas com sua natureza vivencial profunda. A esse respeito falou com clareza um grande pensador político de nosso tempo, Claude Lefort, que, defendendo radicalmente a liberdade da Filosofia e da política de Estado com relação à Religião, terminava por mostrar o contrassenso de se pretender erradicar a experiência religiosa do campo simbólico da humanidade. Lefort chegava mesmo a reconhecer a Religião como fonte de valores culturais e éticos.

Por fim, a importância da experiência religiosa justamente no campo simbólico será destacada por tendências mais recentes da Psicologia e da Psicanálise, como no caso, por exemplo, do terapeuta inglês Donald Winnicott, que não vê legitimidade na maneira freudiana de classificar a Religião como ilusão. Winnicott, aliás, começou sua carreira como pediatra, e só se dedicou à Psicanálise depois de uma longa experiência de trabalho com famílias, o que o fez elaborar uma concepção de clínica e de terapia baseada mais na interação com os pacientes do que em conceitos psicológicos. Por isso, chega a mostrar que a "ilusão" é tão efetiva como a "realidade", elaborando a noção de "transicionalidade", ou seja, de um recurso psíquico-objetivo pelo qual os humanos sintetizam experiências de criatividade (a "ilusão") para reconhecer o que é "real". Um exemplo claro dessa operação vem da condição do bebê, pois este não se percebe como ser individual, mas sente tudo por meio da mãe. A mãe devotada, por sua vez, adapta-se ao ritmo biológico do bebê, num ato de acolhimento que permite a ele "criar" a mãe de que necessita. Ele vive, portanto, uma experiência de fusão, pois também não vê sua mãe como pessoa ou objeto, mas como "processo", abrindo, assim, o espaço da "ilusão". É o que explica também o apego de certas crianças a seus ursinhos, "paninhos" ou "cheirinhos", pois esses objetos são empregados como veículos de necessidades subjetivas, ao mesmo tempo que as impulsionam a distinguir, aos poucos, fantasia e realidade. Com o desenvolvimento da pessoa, os fenômenos transicionais não são esquecidos, mas permanecem latentes no psiquismo, pois, embora não existam mais como veículos de necessidades subjetivas (afinal, a criança, por exemplo, deixa o ursinho ou o "cheirinho"), gravam na interioridade um fundo experiencial que permite difundir e espalhar a transicionalidade para todo o espaço intermediário entre a realidade psíquica e o mundo externo. A transicionalidade, portanto, continua na vida adulta, particularmente no que diz respeito à criação artística e à experiência religiosa. Quando, porém, aborda-se o sentido religioso, vê-se que, nos fenômenos transicionais, há uma dimensão de verticalidade, pois o sagrado surge mediante a experiência de encanto como transformadora do "eu", pondo o indivíduo diante da potência de ser.

4. Em busca de uma expressão filosófica para a experiência religiosa

Dissemos, no final do Capítulo 2, que muitos pensadores encontram em sua vida pessoal ou experiência existencial motivos para tornar-se religiosos. Podemos, então, perguntar-nos, agora, sobre o que leva alguém a crer. O caso dos filósofos é exemplar, porque eles não seriam convincentes se permanecessem apenas em um discurso conceitual, defendendo ou contrariando a Religião. Ao contrário, sua análise parece-nos mais autêntica quando enraizada na vida, na experiência concreta do que é positivo e do que é negativo. Procuraremos, portanto, neste capítulo, pôr em evidência alguns elementos que permitem compreender melhor a experiência religiosa, sem nos restringir a elaborações de ordem metafísica, epistemológica ou ética.

4.1. A experiência pessoal

Ao falarmos de experiência concreta da vida, como fizemos anteriormente, podemos analisá-la no que ela tem de positivo, fortalecedor, animador, mas também no que há de negativo, de fraco, de limitador. Entre o que há de positivo, podemos identificar o impulso de manter-nos vivos, conservar-nos na existência e aumentar nossas possibilidades (impulso esse que também observamos nas plantas e nos animais irracionais). A tal impulso poderíamos chamar de "desejo do bem", como já fizeram autores antigos, especialmente Platão. Esse desejo seria observável mesmo naqueles que procuram o suicídio, ou seja, a autodestruição, pois mesmo quem deseja o fim de sua vida julga que esse fim é um bem e o procura.

Por outro lado, há experiências de negatividade em nossa vida, como as doenças, as limitações, os erros, a imperfeição enfim. Curiosamente, embora movidos por algo como um desejo "infinito" do bem, somos frustrados pela impossibilidade de atingir o melhor de nós mesmos e o melhor da Natureza. Diante desse quadro, muitos filósofos passaram a considerar a vida um absurdo ou um processo cujo sentido está nele mesmo, ou seja, na experiência das positividades e negatividades. Mas outros pensadores relativizaram a importância da negatividade, dando-se conta de que, em nossa experiência concreta, mesmo o que é considerado negativo pode ser vivido de maneira positiva, como abertura de horizontes em busca de sentidos escondidos por trás das aparências das coisas, acontecimentos e pessoas.

É, então, por um fortalecimento do desejo do bem que muitas pessoas (e muitos pensadores entre elas) encontram na Religião uma forma de viver as positividades e negatividades da existência de maneira mais integradora e satisfatória. Aliás, não é à toa que, do ponto de vista histórico, já não se fazem mais críticas à Religião associando-a ao uso do poder, pois, graças às pesquisas arqueológicas mais recentes, pode-se afirmar que, com o despertar da consciência entre os humanos, surgiu, nas primeiras formas de vida propriamente humana, algo como um senso do sagrado, certamente numa manifestação do desejo do bem. As religiões, portanto, respondem a esse desejo, apresentando um bem transcendente, único capaz de satisfazer estavelmente o desejo "infinito" que caracteriza todo ser vivo.

O primeiro dado interessante a enfatizar, aqui, do ponto de vista filosófico, é que a adesão a uma Religião, como busca de satisfazer o desejo do bem, deve-se mais à experiência pessoal do que a um raciocínio. A filósofa Edith Stein, que era de família judia mas declarou-se ateia ao começar seus estudos filosóficos, é um caso interessante para ilustrar o que queremos dizer. Ela afirma que, frequentando o círculo de fenomenólogos liderado por Edmund Husserl, sentiu-se embaraçada diante do fato de aqueles pensadores tão rigorosos serem religiosos. Certa vez, sabendo da morte de Adolf Reinach (1883-1917), amigo seu e respeitado filósofo, ela hesitou em visitar sua esposa, pois não sabia como consolá-la. Tomando coragem e indo ao encontro da viúva, Edith ficou surpresa por ver a paz de espírito da amiga, de modo que foi esta que a consolou; não o contrário. Esse acontecimento fez aumentar em Edith a atração pela vivência religiosa, a ponto de não muito tempo depois ela também se converter. Seu exemplo mostra como a Religião, vista como fonte de sentido, enraíza-se na experiência subjetiva ou na construção de si, e não apenas na especulação intelectual. A experiência religiosa reflete o encontro com uma presença, a presença de uma realidade transcendente que a tudo dá sentido, e não apenas com uma ideia.

4.2. O problema da crença

Esse encontro, como dissemos no Capítulo 1, aciona tanto o componente intelectual humano como o voluntário e o afetivo. Não se trata de uma "produção" humana, mas efetivamente de um "encontro".

Alguns filósofos contemporâneos, preocupados com as análises epistemológicas da Religião, chegaram a elaborar maneiras de falar sobre experiências não sensíveis, a fim de justificar logicamente a possibilidade de se experimentar a presença divina, uma vez que essa presença não é captada por nenhum de nossos órgãos sensoriais. Esses filósofos, por exemplo, os professores Charles Taliaferro e Keith Yandell, apontam para a evidência de que, às vezes, sem nenhuma sensação física, temos a certeza de que alguém chegou a um lugar, ou de que alguém já está presente no lugar aonde chegamos. Isso ocorre com grande frequência entre pais e filhos; sobretudo as mães percebem a chegada do filho, sem mesmo ter tido algum indício físico. Outras pessoas também são capazes de perceber diretamente se os outros estão bem ou mal, felizes ou tristes, mesmo que nenhum sinal tenha sido dado por eles. Essas experiências seriam exemplos de como nosso aparelho cognitivo, perfeitamente natural, é apto a ter percepções sem nenhuma sensação e, portanto, a captar a presença da divindade e trazê-la à consciência.

Apesar de um certo tom apologético nessa elaboração epistemológica, ela indica como, apesar de suprarracional, a experiência religiosa não é contrária à razão e à nossa estrutura cognitiva psicofísica. Em vez de pretender demonstrar a verdade da fé ou defendê-la em termos racionalistas, o filósofo pode, como dizia Tomás de Aquino, mostrar que ela é razoável e não irracional. Aliás, é preciso lembrar que, como também dizia Tomás, quando alguém crê, é por sua razão que crê, pois somente a razão pode dar assentimento a algum conteúdo.

Outros pensadores, também na linha da preocupação lógico-epistemológica, debruçaram-se sobre o "problema da crença": como considerar honesta, do ponto de vista racional, a crença se, como dizia W. K. Clifford (1845-1879), é sempre um erro, não importa onde nem quem o faça, crer em algo com base em uma evidência incerta? Por exemplo, não é racionalmente honesto dizer a alguém que saia sem guarda-chuva quando a meteorologia anuncia que provavelmente haverá chuva. O fato de ser provável não me desobriga de aconselhar meu interlocutor a proteger-se contra a chuva.

A concepção baseada no "Princípio de Clifford" conduziria à afirmação de que é racional crer somente naquilo em que somos racionalmente obrigados a crer. Mas essa conclusão poria em xeque muitas de nossas crenças, para as quais não temos evidência indiscutível, até porque uma crença só faz sentido no interior do conjunto de outras crenças (como ocorre, aliás, com os princípios matemáticos, segundo já alertara Santo Agostinho, em sua obra *O livre-arbítrio*, por exemplo). Pensando nesse problema, Edmund Gettier (1927-) mostrou que uma crença não apenas verdadeira, mas provida de sólidas razões, pode não ter nenhum valor de conhecimento. Tomando um exemplo de Willard Quine (1908-2000), ele imagina uma cena em que os jornais anunciam por engano um armistício. Nesse dia mesmo, dois esportistas entram no mar, em Boston, para chegar às Bermudas num pequeno veleiro. Eles tinham os jornais com eles, mas não um rádio. Quatro dias mais tarde, eles chegam ao destino, crendo que a guerra tinha terminado. De fato, ela havia acabado momentos antes, mas a crença dos dois esportistas não tinha nenhum valor de conhecimento, porque seu fundamento (o anúncio precipitado) era errôneo, e as consequências poderiam ter sido catastróficas.

Aparentemente, catastróficas são também as consequências dessa problematização do conhecimento para a compreensão da atividade cognitiva. Afinal, o risco de cair no ceticismo ou no niilismo é enorme quando não se garante mais o conhecimento como certeza. Mas, se invertermos a conclusão a que conduzia o princípio de Clifford, talvez haja uma forma de justificar racionalmente a crença em algo não evidente. É o que faz, por exemplo, o professor P. van Inwagen (1942-), ao produzir o que ele chamou de "Outro Princípio de Clifford", dizendo ser um equívoco, não importa onde nem quem o faça, ignorar ou rejeitar o que é contrário às suas crenças. A conclusão desse princípio levaria a afirmar que é racional crer naquilo que não se é racionalmente obrigado a não aceitar.

Não cabe, aqui, extrair todas as consequências desse debate em torno da crença, mas se pode ver que esta é perfeitamente legítima (e, portanto, em respeito integral à constituição psicofísica do ser humano) quando, com capacidades e disposições cognitivas funcionando de maneira saudável e em circunstâncias causais confiáveis, a pessoa crê em algo. No caso da crença religiosa, não há nada de antirracional em crer que um ser transcendente, revelado segundo alguma tradição religiosa, possa satisfazer o desejo "infinito" do bem. O pensamento de Sören Kierkegaard (1813-1855), a esse respeito, é um caso muito eloquente, e mesmo as críticas de Friedrich Nietzsche (1844-1900) à Religião institucionalizada são úteis para refletir sobre a experiência religiosa dessa perspectiva; afinal, a simpatia que Nietzsche nutria por Jesus de Nazaré e a antipatia pelo apóstolo Paulo (justificadas ou não) tiram o centro da análise de qualquer especulação e o situam na experiência existencial livre.

Esse desejo e sua vivência na subjetividade é que parecem explicar a experiência religiosa. Trata-se de um desejo de transcendência vivido na construção de si, nos diferentes estratos da consciência; é, portanto, uma experiência de transcendência. Na contrapartida, não se trata de uma experiência vaga, que poderia ser associada à experiência artística ou emocional, mas de uma experiência em que a pessoa humana se põe em questão, constatando que sua realização depende da resposta que for dada e que essa resposta não pode ser outra senão um sentido divino. Esse sentido, em vez de anular o que é humano, leva-o à plenitude, no sentido do que dizia Santo Agostinho, em contexto cristão: "Fizeste-nos para ti e nosso coração não se aquieta enquanto não repousa em ti" (*Confissões* I, 1).

5. Conclusão
"Deus" é o atributo de uma experiência

Num tom para lá de irônico, o professor americano Norwood Hanson (1924-1967) acreditava ter inventado um argumento para refutar o fundamento da Religião. Diz ele: "se procurar e não encontrar não é uma boa razão para negar a existência de Deus, então procurar e não encontrar não constitui uma boa razão para negar a existência dos espíritos malfeitores, das bruxas, dos demônios, dos gauleses de cinco cabeças, dos unicórnios, das sereias, dos monstros do Lago Ness, dos discos voadores, dos *hobbits*, do Papai Noel etc. Mas há excelentes razões para negar a existência dessas entidades. Essas razões não vêm apenas do fato de que procuramos essas criaturas e não as encontramos, mas do fato de que não há boas razões para supor que elas existem" (*Why I do Not Believe*, p. 323, trecho traduzido por Juvenal Savian Filho).

Esse argumento – engraçado, sem dúvida nenhuma – reproduz a posição, não muito rara entre filósofos e cientistas, segundo a qual a Religião só fará sentido se o seu conteúdo for demonstrado. Assim, enquanto não se provar que Deus existe, não há por que ser religioso.

O que procuramos mostrar, no itinerário percorrido por este livro, é que, para compreender a Religião, é preciso tomar um caminho diferente: não é possível ir do divino aos seres humanos, porque, afinal, se o divino é transcendente, não podemos encaixá-lo nos moldes de um raciocínio nem nos limites de um conceito. Pretender fazer isso seria cair numa postura racionalista, como aquelas em que Deus não passou de uma peça do quebra-cabeça conceitual que exigia explicações metafísico-morais para justificar, por exemplo, a origem e a ordem do mundo, a existência de ideias inatas, a validade de valores éticos etc. Como vimos, essa concepção da divindade não é propriamente uma concepção religiosa.

Para que a abordagem da Religião seja mais apropriada, correspondendo de fato ao seu objeto, deve-se partir da análise da experiência pessoal de quem tem fé. Dessa perspectiva, procuramos identificar, ainda que brevemente, os elementos que compõem a experiência religiosa, para, em seguida, observar o modo como o Iluminismo imprimiu uma mudança importante na maneira como os filósofos passaram a tratar da Religião. Exemplificando essa mudança com diferentes autores, passamos à tentativa de recolher alguns dados visíveis no testemunho de pensadores crentes.

Na contrapartida, pode-se reconhecer o caráter historicamente limitado da problemática religiosa levantada pelo Iluminismo, como, aliás, fazem os mais importantes estudiosos da Religião na atualidade ao serem unânimes em sublinhar que o fato religioso ultrapassa de muito as formas como foi abordado na tradição filosófica moderna, visceralmente iluminista. Defende-se mesmo um alargamento da concepção de razão e racionalidade, a fim de chegar-se a possibilidades mais abrangentes de compreensão da experiência humana.

Curiosamente, a valorização do indivíduo como agente cognitivo e político, tão enfatizada pelos pensadores modernos (principalmente os iluministas), é um dado recebido da tradição cultural judaico-cristã. É ela que está na origem da centralidade do tema do sujeito moderno. Mas, não menos curiosamente, boa parte desses mesmos autores subvalorizou, ignorou ou mesmo excluiu a reflexão filosófica feita a partir da experiência religiosa pessoal, transformando a Religião em apenas mais um tema de investigação. Todavia, a bem da verdade histórica, não se pode deixar de lembrar que a grande herança legada pela tradição religiosa e filosófica da humanidade, tanto judaico-cristã como greco-romana, entendia a Religião como um aspecto fundamental da cultura, da vida humana; portanto, da sociedade. O mesmo se pode dizer das tradições mesopotâmica, egípcia e hindu. Essa herança histórica obriga-nos a pôr o tema da experiência religiosa de outra maneira, indo além de uma simples (e artificial) análise externa.

Essa universalidade do fato religioso atestada historicamente corresponde a uma universalidade que se poderia chamar de "teórica", "racional", ou simplesmente "filosófica", pois, do ponto de vista de sua inteligibilidade, a experiência religiosa parece universal em virtude da demonstrabilidade de seu fundamento, o ser divino ou Transcendente. Se esse horizonte de transcendência não puder ser afirmado e mesmo justificado racionalmente, aquele desejo universal do bem de que falamos no Capítulo 4 corre o risco de ficar totalmente frustrado aos olhos da razão. Dito de outra maneira, parece possível defender, para além de análises redutoramente racionalistas, que o fato religioso é universal porque, partindo da experiência humana, podemos demonstrar a existência do desejo universal do bem e a impossibilidade de esse desejo realizar-se plenamente a menos que se abra para um horizonte de transcendência. O Transcendente, a que se costuma chamar de "Deus", constituiria, assim, a base objetiva da Religião, embora se trate de um transcendente oculto, de que ou de quem não se pode saber o que é e cujo nome nem sequer se pode pronunciar.

Daí a inocuidade filosófica de argumentos como o de Norwood Hanson e de outros cavaleiros da "guerra santa às avessas", como Richard Dawkins (1941-), Michel Onfray (1959-) etc., pois a base objetiva da Religião não pode ser uma prova da existência de Deus (ao modo de um raciocínio ou de um experimento), mas Deus mesmo, encontrado não como uma ideia, e sim como uma presença na vida concreta das pessoas. Essa é a única maneira que parece racionalmente válida tanto para se responder às exigências da razão filosófica como, ao mesmo tempo, para adequar-se à transcendência do objeto da fé. Rigorosamente falando, o dado a que temos acesso é o conteúdo da consciência ao qual denominamos "Deus". Por sua vez, o Transcendente a que se costuma chamar "Deus" é o atributo da experiência pela qual o crente sente-se particular e plenamente realizado. Ademais, guardadas as devidas proporções, pode-se dizer que as conhecidas provas medievais da existência de Deus, como, por exemplo, as cinco vias percorridas por Tomás de Aquino (1225-1275), possuíam um sentido análogo, pois não se preocupavam em construir um argumento "científico", mas em mostrar que nossa experiência do mundo torna-se mais inteligível quando recorremos a um fundamento divino. Caso não afirmassem a existência de Deus, a existência do mundo parecia-lhes absurda. Todavia, a absurdidade do mundo não correspondia à experiência positiva que tinham dele, experiência essa fecundada pelo desejo do bem. Experiência, portanto, de amor.

Essas são algumas das razões pelas quais, neste livro, defendemos a tese de que, para bem analisar a Religião ou a experiência religiosa, faz-se mais adequado, tanto do ponto de vista histórico como filosófico, partir de uma análise da experiência pessoal do fiel. Somente dessa maneira parece possível captar filosoficamente o sentido da Religião, sem cair em armadilhas teóricas que terminam por deixar escapar a realidade vivida concretamente pelos indivíduos. Dito dessa maneira, o Transcendente a que se costuma chamar "Deus" é, acima de tudo, o atributo com que se qualifica a experiência de um sentido absoluto que se apresenta à pessoa e confere um novo caráter à sua posição no mundo e perante si mesma, modificando-lhe a maneira de ver a existência e realizando o que ela vive como desejo "infinito" do bem.

Desejamos ao leitor, agora, continuar sua reflexão. Boa viagem!

OUVINDO OS TEXTOS

Texto 1. Baruch de Espinosa (1632-1677), *A superstição e o medo*

Se os homens pudessem resolver suas questões de acordo com um desígnio estável, ou, ainda, se a fortuna lhes fosse sempre favorável, eles não seriam jamais prisioneiros da superstição. Mas, frequentemente reduzidos a um extremo tal que eles não sabem nem mesmo o que resolver, e condenados por seu desejo sem medida de bens incertos da fortuna, flutuando sem descanso entre a esperança e o medo, eles têm muito naturalmente a alma inclinada à mais extrema credulidade. [...] Por azar, eles forjam inumeráveis ficções, e, quando interpretam a Natureza, descobrem nela milagres, como se ela delirasse com eles. [...] Se me pedirem exemplos, citarei Alexandre: foi somente quando, às portas de Susa, ele teve medo quanto à sua fortuna, que se deu à superstição e recorreu a adivinhos. Depois de sua vitória sobre Dario, cessou de consultar adivinhos e auspícios, até o dia da grande ansiedade, quando, abandonado pelos bactrianos, convocado ao combate pelos citas e imobilizado por seu ferimento, recaiu na superstição que serve de joguete ao espírito humano. [...] Da causa que acabo de indicar para a superstição segue claramente que todos os homens são sujeitos a ela por natureza (e isso não se deve, digam o que quiserem, ao fato de todos os mortais terem certa ideia confusa da divindade). Vemos, por outro lado, que ela deve ser extremamente diversa e inconstante, como são diversas e inconstantes as ilusões que lisonjeiam a alma humana e as loucuras pelas quais ela se deixa levar; enfim, a esperança, o ódio, a cólera e a fraude podem apenas assegurar sua continuidade, entendendo-se que ela não tem origem na razão, mas apenas na paixão.

> ESPINOSA, B. de. *Traité théologique-politique* [*Tratado teológico-político*]. Paris: Flammarion, 1965, pp. 19-22. Trecho traduzido por Juvenal Savian Filho a partir da edição francesa de C. Appuhn.

Texto 2. Karl Marx (1818-1883), *A Religião é o ópio do povo*

O fundamento da crítica irreligiosa é: o homem faz a religião, a religião não faz o homem. A religião é, a bem da verdade, a consciência de si e o sentimento de si do homem que ainda não se conquistou, ou então que se perdeu novamente. Mas "homem" não é uma essência abstrata, fixada fora do mundo. O homem é seu mundo, o Estado, a sociedade. Esse Estado e essa sociedade produzem a religião, uma consciência invertida do mundo, porque são, eles mesmos, um mundo invertido. [...] A religião é a realização imaginária da essência humana, porque a essência humana não possui realidade verdadeira. A luta contra a religião é, portanto, imediatamente, a luta contra esse mundo cujo aroma espiritual é a religião. A miséria religiosa é, pois, ao mesmo tempo, a expressão da miséria real e o protesto contra essa miséria. A religião é o suspiro da criatura oprimida, a alma de um mundo sem coração, do mesmo modo que ela é o espírito de um estado de coisas desprovido de espírito. A religião é o ópio do povo. A abolição da religião como felicidade ilusória do povo é a exigência de sua felicidade real.

MARX, K. *Critique de la* Philosophie du droit *de Hegel*
[*Crítica da* Filosofia do direito *de Hegel*]. Paris: Ellipses,
2000, pp. 7-8. Trecho traduzido por Juvenal Savian Filho
a partir da edição francesa de E. Kouvélakis.

Texto 3. Sigmund Freud (1856-1939), *A Religião como ilusão infantil*

As ideias religiosas que se apresentam como dogmas não são um resíduo da experiência ou o resultado final da reflexão: elas são ilusões, a realização dos desejos mais antigos, os mais fortes, os mais prementes da humanidade; o segredo de sua força é a força desses desejos. Nós já o sabíamos: a impressão aterrorizante da impotência infantil tinha despertado a necessidade de ser protegido – protegido sendo amado –, necessidade à qual o pai satisfez. O reconhecimento do fato de que essa impotência dura toda a vida fez que o homem se agarrasse a um pai, mas, dessa vez, um pai mais potente. A angústia humana diante dos perigos da vida apazigua-se com o pensamento do reino benfeitor da Providência divina; a instauração de uma ordem moral do universo assegura a realização das exigências de justiça, tão frequentemente irrealizadas nas civilizações humanas; e o prolongamento da existência terrestre por uma vida futura enriquece o quadro do tempo e o lugar onde esses desejos realizar-se-ão. [...] É um formidável alívio para a alma humana ver os conflitos da infância emanados do complexo paterno – conflitos jamais inteiramente resolvidos – serem tirados daí e receberem uma solução aceita por todos.

FREUD, S. *L'avenir d'une illusion* [*O futuro de uma ilusão*]. Paris: PUF, 2002, p. 43. Trecho traduzido por Juvenal Savian Filho a partir da edição francesa de Marie Bonaparte.

Texto 4. Friedrich Schleiermacher (1768-1834), *A Religião e a intuição do todo*

Amar o espírito do mundo e contemplar prazerosamente sua atividade, tal é a meta de nossa religião, e o medo não se encontra no amor. O mesmo ocorre com aquelas belezas do globo terrestre que o homem em sua etapa infantil rodeia com tão íntimo amor. [...] Em toda atividade e ação, seja de caráter moral, filosófico ou artístico, o homem deve aspirar ao virtuosismo, e todo virtuosismo gera frieza, unilateralidade e dureza. Ele dirige o espírito do homem, diante de tudo, a um só ponto, e esse ponto é sempre algo finito. Pode dessa maneira o homem, progredindo de uma operação limitada a outra, fazer uso realmente de toda sua força infinita? Não ficará antes sem utilizar a maior parte dela? [...] Seja qual for dos três elementos [moral, filosófico ou artístico] que vós tenhais escolhido para vossa atividade livre ou metódica, partindo de qualquer um deles, só se requer um pouco de sentido para encontrar o Universo, e, nesse último, descobrirdes então todos os outros como sua injunção, insinuação ou revelação. Contemplá-los e considerá-los em conjunto, e não como algo separado e determinado em si, é a única maneira como podeis, depois de terdes escolhido uma direção para vosso espírito, apropriar-vos também daquilo que se encontra fora dessa direção. E isso não por arbitrariedade, como arte, mas pelo instinto do Universo, como religião. [...] Que é então um milagre? Significa algo diferente de um signo, uma insinuação? E assim todos esses termos não expressam outra coisa que a relação imediata de um fenômeno com o Infinito, com o Universo; porém, isso exclui que haja uma relação imediata com o finito e com a Natureza? O milagre não é mais que o nome religioso para designar um acontecimento; todo acontecimento, até o mais natural, tão logo se mostra apropriado para que sua consideração religiosa possa ser prevalecente, é um milagre. Para mim, tudo é milagre; e segundo vossa concepção, só é para mim um milagre algo inexplicável e estranho, o que não é nada disso segundo meu ponto de vista. [...] Que significa inspiração? Não é mais que o nome religioso para designar a liberdade. Toda ação livre, que se converte em fato religioso, toda reprodução de uma intuição religiosa, toda expressão de um sentimento religioso que se comunica realmente, de forma que a intuição do Universo se transmite também a outros, eram resultado da inspiração, pois se tratava de uma ação do Universo, que um exerce sobre os outros. [...] Deus não é tudo na religião, senão um dos elementos, e o Universo é mais.

SCHLEIERMACHER, F. *Sobre a religião*. Trad. Daniel Costa. São Paulo: Novo Século, 2000, pp. 49, 66-7, 69, 77. Trecho adaptado por Juvenal Savian Filho.

Texto 5. Claude Lefort (1924-2010), *A Religião e o campo simbólico*

> Em poucas palavras, tanto a política como a religião põem o pensamento filosófico em presença do simbólico. [...] Isso não impede de conceber que haja, em toda sociedade, a virtualidade de um conflito entre os dois princípios [político e religioso]. [...] Além disso, afirmar no mundo moderno o imperativo de uma total distinção dos domínios regidos por esses princípios não põe em dificuldade o pensamento filosófico, mas satisfaz às suas próprias exigências, pois ele nunca pôde, sem fracassar, submeter-se à autoridade da religião; que ele reivindique, então, o direito de procurar seu fundamento em seu próprio exercício. [...] Mas seria querer dar um salto impossível pretender, com base nessa afirmação, que o elemento religioso como tal possa e deva apagar-se, ou, então, fechar-se nos limites da opinião privada. Com efeito, como admitir isso sem perder precisamente a noção de sua dimensão simbólica, de uma dimensão constitutiva das relações do homem com o mundo? Sem dúvida, a nova legitimação da diferença das opiniões contém também uma significação simbólica, mas, aparentemente, nos limites de um sistema

político que assegura a cada indivíduo o direito de beneficiar-se do respeito que ele deve demonstrar pelos outros. Ora, o que o pensamento filosófico quer preservar é a experiência de uma diferença que, para além das opiniões, para além do que ela supõe (o consentimento à relatividade dos pontos de vista), não está à disposição dos homens; que não advém na história dos homens e dela não poderia ser abolida; que os põe em relação com sua humanidade, de tal modo que esta não poderia curvar-se sobre si mesma, impôr seu limite, absorver em si sua origem e seu fim. [...] O que ela [a Filosofia] descobre na religião é um modo de figuração, de dramatização das relações que os homens estabelecem com o que excede o tempo empírico, o espaço no qual se amarram seus próprios vínculos. Esse trabalho da imaginação põe em cena um outro tempo, um outro espaço. Ora, em vão querer-se-ia reduzi-lo a apenas um produto da atividade dos homens. Ele porta, sem dúvida, a marca das operações dos homens, no sentido de que o enredo da representação atesta a presença deles, serve-se de sua experiência sensível; no sentido de que eles povoam o invisível com seus visíveis. [...] A filosofia moderna não pode ignorar o que ela deve à religião; ela não pode manter-se à distância do trabalho da imaginação, submetendo-o a si mesma como um puro objeto de conhecimento. [...] Apesar de sua pretensão ao Saber absoluto, a substituição do conceito pela imagem deixa intacta para o filósofo a experiência de uma alteridade na linguagem, aquela de um desdobramento entre uma criação e um desvelamento, entre a atividade e a passividade, entre a expressão e a impressão do sentido. Talvez toquemos, por essas últimas observações, na razão mais secreta da ligação do filósofo ao dado religioso. Por mais fundamentada que seja a reivindicação de seu direito a pensar, retirando-o de debaixo de toda autoridade instituída, ele não somente tem a ideia de que uma sociedade que esquecesse seu fundamento religioso viveria na ilusão de uma pura imanência a si mesma e apagaria, ao mesmo tempo, o lugar da filosofia, mas também pressente que esta [a Filosofia] está ligada à religião por uma aventura da qual ela [a Filosofia] não possui o segredo.

LEFORT, C. "Permanence du théologico-politique". In: *Essais sur la politique*. Paris: Seuil, 1986, pp. 260-4. Trecho traduzido por Juvenal Savian Filho.

Texto 6. Donald Winnicott (1896-1971), *Ilusão, experiência religiosa e arte*

A primeira mamada teórica é representada na vida real pela soma das experiências iniciais de muitas mamadas. Após a primeira mamada teórica, o bebê começa a ter material com o qual criar. É possível dizer que aos poucos o bebê se torna capaz de alucinar o mamilo no momento em que a mãe está pronta para oferecê-lo. As memórias são construídas a partir de inúmeras impressões sensoriais, associadas à atividade da amamentação e ao encontro do objeto. No decorrer do tempo surge um estado no qual o bebê sente confiança em que o objeto do desejo pode ser encontrado, e isso significa que o bebê gradualmente passa a tolerar a ausência do objeto. Dessa forma, inicia-se no bebê a concepção da realidade externa, um lugar de onde os objetos aparecem e no qual eles desaparecem. Através da magia do desejo, podemos dizer que o bebê tem a ilusão de possuir uma força criativa mágica, e a onipotência existe como um fato, através da sensível adaptação da mãe. O reconhecimento gradual que o bebê faz da ausência de um controle mágico sobre a realidade externa tem como base a onipotência inicial transformada em fato pela técnica adaptativa da mãe. No dia a dia da vida do bebê, podemos observar como ele explora esse terceiro mundo, um mundo ilusório que nem é sua realidade interna nem é um fato externo, e que toleramos num bebê, ainda que não o façamos com adultos ou mesmo com crianças mais velhas. Vemos o bebê chupando os dedos [...] ou agarrando um pano [...] prologando a onipotência originalmente satisfeita pela adaptação realizada pela mãe. Considerei útil denominar os objetos e fenômenos que pertencem a esse tipo de experiências de "transicionais". [...] Como são importantes, então, esses primeiros objetos e técnicas transicionais! Sua importância se reflete em sua persistência, uma persistência feroz por anos a fio. A partir desses fenômenos transicionais, desenvolve-se grande parte daquilo que costumamos admitir e valorizar de várias maneiras sob o título de religião e arte, e também derivam aquelas pequenas loucuras que nos parecem legítimas num dado momento, de acordo com o padrão cultural vigente. Entre o subjetivo e aquilo que é objetivamente percebido, existe uma terra de ninguém, que na infância é natural, e que é por nós esperada e aceita. [...] Alguém que exija tamanha tolerância numa idade posterior é chamado de louco. Na religião e nas artes vemos essa reivindicação socializada, de modo que o indivíduo não é chamado de louco e pode usufruir, no exercício da religião ou na prática e apreciação das artes, do descanso necessário aos seres humanos em sua eterna tarefa de discriminar entre os fatos e a fantasia.

> WINNICOTT, D. *Natureza humana*. Trad. Davi Litman Bogomoletz. Rio de Janeiro: Imago, 1990, pp. 126-7.

Texto 7. Friedrich Nietzsche (1844-1900), *A divindade da decadência*

Onde, sob qualquer forma, a vontade de potência declina, há também, toda vez, uma regressão fisiológica, uma *décadence*. A divindade da *décadence*, amputada de suas virtudes e impulsos mais viris, torna-se agora necessariamente em deus dos fisiologicamente regredidos, dos fracos. *Não* chamam a si mesmos fracos, chamam-se "os bons"... Entende-se, sem que fosse preciso ainda uma indicação, em que instantes da história, somente, é possível a ficção dualista de um bom e de um mau deus. Com o mesmo instinto com que os submissos rebaixam seu deus a "bem em si", eles cancelam no deus de seus vencedores as boas propriedades; tomam vingança de seus senhores, *demonizando* seu deus.

> NIETZSCHE, F. *O anticristo*. Trad. Rubens R. Torres Filho. São Paulo: Nova Cultural, 1987, p. 130. Col. "Os Pensadores".

Texto 8. Sören Kierkegaard (1813-1855), *Não é na especulação que se satisfaz o desejo infinito*

Aristóteles, quando fala do que é a beatitude, situa a maior felicidade no pensamento, lembrando que o bem-aventurado passatempo dos deuses eternos é o pensamento. Ele deve, além disso, representar-se o entusiasmo intrépido do homem de ciência e ter um profundo respeito por sua perseverança no serviço da ideia. Mas, para aquele que especula, a questão de sua beatitude eterna não pode apresentar-se, justamente porque sua tarefa consiste em distanciar-se sempre mais de si mesmo e em tornar-se objetivo, desaparecendo, assim, diante de si mesmo e fazendo-se força contemplativa de especulação. Eu sei muito bem em que dá tudo isso. Mas, vejam, os deuses bem-aventurados, esses grandes modelos do especulador, não estavam preocupados com sua beatitude eterna. É por isso que, no paganismo, esse problema não se punha de modo nenhum. Mas tratar o cristianismo de maneira análoga é simplesmente fazer confusão. Sendo o homem uma síntese de temporal e de eterno, a beatitude da especulação que o especulador pode ter será uma ilusão, porque é no tempo que ele quer ser eterno. Aí jaz o erro do especulador. O interesse apaixonado infinito pela eterna beatitude pessoal é, então, mais elevado do que a felicidade da especulação. Ele é mais elevado justamente porque é mais verdadeiro, porque exprime exatamente a síntese. [...] O sujeito [especulador] é, em sua paixão, interessado infinitamente por sua beatitude eterna; ora, a especulação deve ajudá-lo. Mas, para especular, é preciso tomar justamente o caminho oposto, renunciar a si mesmo e perder-se na objetividade, desaparecer diante de si mesmo. [...] O cristianismo não se deixa observar objetivamente, justamente porque ele quer levar a subjetividade a seu paroxismo; quando a subjetividade é assim corretamente posta, ela não pode ligar sua beatitude eterna à especulação. Permito-me esclarecer por uma imagem tomada do mundo sensível a contradição entre o sujeito apaixonadamente interessado e a especulação, quando ela deve ser-lhe uma ajuda. Ao querer-se serrar, não se deve apoiar muito forte sobre a serra; quanto mais sutil a mão do serrador, melhor vai a serra. Se alguém apoia com toda sua força, não consegue serrar. Ocorre o mesmo com quem especula: ele deve ficar objetivamente à vontade, mas aquele que tem um interesse apaixonado infinito por sua beatitude eterna torna-se subjetivamente o mais pesado possível. Fazendo isso, torna-se impossível especular. No caso, então, em que o cristianismo exige do indivíduo esse interesse infinito (como supomos, pois é aí que reside o problema), é fácil ver que é impossível ao sujeito encontrar na especulação o que ele procura.

KIERKEGAARD, S. Post-scriptum *aux miettes philosophiques* [Post-scriptum *às migalhas filosóficas*]. Paris: Tel-Gallimard, 1949, pp. 35-7. Trecho traduzido por Juvenal Savian Filho a partir da edição francesa de P. Petit.

Texto 9. Edith Stein (1891-1942), *Fé e experiência pessoal*

A alma deve entrar nas trevas da fé, o único caminho para Deus. Participará então da contemplação mística –

lampejo na escuridão, sabedoria secreta de Deus, conhecimento obscuro e geral: o único que condiz com o Deus incompreensível, o Deus que ofusca a razão e que lhe parece trevas. Essa contemplação penetra a alma e o fará tanto melhor e mais perfeitamente quanto mais livre a alma estiver de todas as outras impressões; ela é muito mais pura, delicada, espiritual e íntima do que qualquer coisa que a inteligência conheça pela atividade natural do espírito; é também supratemporal: um verdadeiro começo da vida eterna em nós. Não se trata simplesmente de aceitar a mensagem da fé, tendo-a ouvido, nem do voltar-se da alma para Deus, conhecido somente por ouvir dizer; mas de um íntimo "ser tocado" por Deus e viver uma íntima experiência de Deus, o que tem a força de desprender a alma de todas as coisas criadas, elevá-la e mergulhá-la em um amor que desconhece o objeto amado.

STEIN, E. *A ciência da cruz*. Trad. Beda Kruse. São Paulo: Loyola, 1988, p. 103.

Texto 10. Jacques Derrida (1930-2004), *Religião e razão desenvolvem-se juntas*

[...] ficaríamos obcecados pelo fenômeno dito "da religião" ou do "retorno do religioso" *hoje*, se continuássemos a opor tão ingenuamente a Razão *e* a Religião, a Crítica ou a Ciência *e* a Religião, a Modernidade Tecnocientífica *e* a Religião. No pressuposto de que se tratasse de compreender, compreender-se-á algo "do-que-se-passa-atualmente-no-mundo-com-a-religião" (e por que "no mundo"? O que é o "mundo"? O que é esse pressuposto? etc.) se continuarmos a crer nessa oposição, inclusive nessa incompatibilidade, ou seja, se permanecermos em uma *certa* tradição das Luzes, somente uma das múltiplas Luzes dos últimos três séculos (não de uma *Aufklärung* cuja força crítica está profundamente enraizada na Reforma), antes, pelo contrário, essa luz das Luzes, que atravessa como um raio, um só, uma *certa* vigilância crítica e antirreligiosa, antijudaico-cristã-islâmica, uma *certa* filiação "Voltaire-Feuerbach-Marx-Nietzsche-Freud-(e até mesmo)Heidegger"? Para além dessa oposição e de sua herança determinada (aliás, tão bem representada do outro lado, do lado da autoridade religiosa), talvez pudéssemos tentar "compreender" em que aspecto, longe de se opor, o desenvolvimento imperturbável e interminável da razão crítica e tecnocientífica transporta, suporta e pressupõe a religião. Seria necessário demonstrar, e isso não será simples, que a religião e a razão têm a mesma fonte. [...] Religião e razão desenvolvem-se juntas, a partir deste recurso comum: a garantia testemunhal de todo performativo que se compromete a responder tanto *diante do* outro, quanto *a respeito da* performatividade performante da tecnociência. A mesma fonte única divide-se maquinalmente, automaticamente, e opõe-se reativamente a si mesma: daí as duas fontes em uma. Essa reatividade é um processo de *indenização sacrificial*, ela tenta restaurar o indene (*heilig* – santo) que é ameaçado por ela própria. [...] Quanto à *resposta*, é *uma coisa ou outra*: *ou* ela dirigir-se-ia ao outro absoluto enquanto tal, com uma mensagem entendida, escutada, respeitada na fidelidade e na responsabilidade; *ou* ela replica, contrapõe, compensa e *se indeniza* na guerra do ressentimento e da reatividade. Uma das duas respostas deve sempre poder contaminar a outra. Nunca se chegará a provar que se trata de uma ou da outra, nunca em um ato de julgamento determinante, teórico ou cognitivo. Tal pode ser o lugar e a responsabilidade do que é denominado a crença, a fiabilidade ou a fidelidade, o fiduciário, a "fiança" em geral, a instância da fé.

DERRIDA, J. "Fé e saber". In: DERRIDA, J. & VATTIMO, G. (orgs.). *A religião*. Trad. Guilherme João de Freitas Teixeira. São Paulo: Estação Liberdade, 2000, pp. 42-3.

EXERCITANDO A REFLEXÃO

1. Alguns exercícios para você compreender melhor o tema:

    1.1. Explique por que o tratamento filosófico dado pelo Iluminismo à Religião oferece-nos uma boa maneira para entender como, na História ocidental, os filósofos relacionaram-se com a experiência religiosa.

    1.2. Explique em que sentido falamos, neste livro, de "experiência" ao referirmo-nos à experiência religiosa.

    1.3. Por que tomamos, neste livro, a expressão "experiência religiosa" e o termo "Religião" como sinônimos?

    1.4. Enumere e comente as características da experiência religiosa, tal como expostas no Capítulo 1.

1.5. Com base na apresentação feita no Capítulo 3, explique:
- **(a)** qual a origem da Religião entendida como superstição, segundo Espinosa?
- **(b)** por que a Religião é um equívoco, segundo Marx?
- **(c)** o que vive o ser humano para refugiar-se na Religião, segundo Freud?
- **(d)** o que pretende Schleiermacher ao falar de "sentimento religioso"?
- **(e)** por que, segundo Claude Lefort, é equivocado querer apagar a Religião do horizonte social, político e cultural?
- **(f)** como Winnicott reabilita a ideia de "ilusão" e a aplica à experiência religiosa?

1.6. Ainda com base no Capítulo 3, faça uma comparação e uma contraposição:
- **(a)** entre as ideias de Espinosa e as de Schleiermacher;
- **(b)** entre as ideias de Marx e as de Claude Lefort;
- **(c)** entre as ideias de Freud e as de Winnicott.

1.7. Por que defendemos, neste livro, a tese de que, para bem tratar filosoficamente da Religião, é preciso basear-se na análise da experiência subjetiva ou pessoal de quem tem fé? Qual o risco de tomar-se como ponto de partida uma opinião filosófica sobre a Religião?

1.8. Por que a ideia de uma "percepção sem sensação" é útil à compreensão da experiência religiosa?

1.9. Compare o "Princípio de Clifford" com o "Outro Princípio de Clifford", monte o que se poderia chamar de "problema da crença" e proponha uma solução para ele.

1.10. Com base no que dissemos na Conclusão, mostre por que o raciocínio de Norwood Hanson não constitui um bom argumento para tratar da fé.

2. Praticando-se na análise de textos:

2.1. Qual a utilidade do exemplo de Alexandre Magno no texto 1?

2.2. Qual a relação entre a ideia de "aroma" e a imagem do "ópio" no texto 2?

2.3. Qual a função da imagem do pai no texto 3?

2.4. Por que o caso do milagre condensa a ideia central do texto 4?

2.5. Comparando o texto 1 com o texto 4, por que o caso do milagre seria considerado uma superstição de acordo com o primeiro, e algo verídico de acordo com o outro?

2.6. Qual a função, no texto 5, da ideia de um outro tempo e de um outro espaço?

2.7. Por que, no texto 6, fala-se de uma terra de ninguém?

2.8. Por que, no texto 7, o autor insiste em dizer que os fisiologicamente regredidos não se chamam a si mesmos "fracos", mas "bons"?

2.9. Como o exemplo da serra, no texto 8, permite explicar a dificuldade de satisfazer o desejo infinito?

2.10. No texto 9, qual a função da imagem do toque divino na alma?

2.11. O texto 10 contém duas expressões curiosas, elaboradas pelo autor a fim de exprimir ideias bem precisas. São elas: "do-que-se-passa-atualmente-no-mundo-com-a-religião" e "Voltaire-Feuerbach-Marx-Nietzsche-Freud-(e até mesmo)Heidegger". De acordo com o contexto em que elas aparecem, o que elas significam?

2.12. De acordo com o texto 10, por que a única fonte da Religião e da Filosofia pode ameaçar-se a si mesma?

3. Alguns exercícios para você refletir mais livremente:

3.1. Com base na noção winnicottiana de transicionalidade, é possível dizer que uma pessoa, mesmo não se declarando religiosa, possui um caráter religioso?

3.2. Qual a utilidade de ler textos psicanalíticos, como os de Freud e Winnicott, em um contexto filosófico?

3.3. Pesquise o que Nietzsche entende por "vontade de potência" e por "decadência" (*décadence*) e explique por que, em sua maneira de pensar, uma pessoa religiosa é um regredido do ponto de vista fisiológico.

3.4. Considerando a noção de vontade de potência elaborada por Nietzsche, reflita: (a) embora Nietzsche critique as elaborações metafísicas, sua noção de vontade de potência não pode ser considerada uma forma do desejo universal do bem, tal como apresentamos no Capítulo 4?; (b) se dermos uma resposta afirmativa à questão (a), não poderemos considerar "forte" alguém que fundamenta a vivência religiosa no exercício de sua liberdade?

3.5. Pesquise em um bom dicionário de Filosofia a diferença entre os termos "felicidade" e "beatitude". Tome como referência, por exemplo, o pensamento de Santo Agostinho.

3.6. Uma sociedade pode existir sem Religião?

3.7. A Religião é irracional? Antirracional?

3.8. Por que o progresso científico não fez desaparecer as religiões?

3.9. Crer significa suspender a razão? Do ponto de vista psicobiológico, com qual capacidade o ser humano crê?

3.10. O ser humano moderno pode e deve buscar uma experiência do sagrado? Por quê?

3.11. Todas as religiões levam seus fiéis à reflexão filosófica?

3.12. Informe-se sobre os problemas sociais vividos na Europa, envolvendo principalmente os imigrantes (desemprego, violência, vandalismo etc.). Em seguida, reflita sobre o modo como, muitas vezes, as causas desses problemas são atribuídas aos imigrantes muçulmanos e responda: os muçulmanos são a verdadeira causa desses problemas sociais? Não há membros de outras religiões envolvidos? As causas são, de fato, religiosas?

3.13. Faça uma pesquisa sobre a história dos conflitos entre judeus e árabes na Faixa de Gaza, analisando principalmente a participação dos Estados Unidos, e reflita sobre o elemento religioso nos conflitos. Pode-se falar de uma guerra de religiões?

3.14. Reflita sobre o domínio que os fatores econômicos podem exercer sobre a prática religiosa. A Religião pode tornar-se mercadoria?

Dê exemplos concretos, baseando-se na realidade mundial e brasileira.

3.15. Analise o modo como muitas religiões, no Brasil, fazem um anúncio religioso baseado no progresso social, servindo-se de recursos midiáticos, recorrendo a curas, exorcismos etc. Você pensa que esse tipo de prática religiosa favorece o crescimento pessoal dos fiéis? Considerando ao mesmo tempo o baixo nível cultural de muitos brasileiros, pode-se dizer que essas práticas são boas, condenáveis ou indiferentes? Argumente.

4. A seguir resumimos uma parábola contada por Kierkegaard e retomada por Harvey Cox em sua obra *A cidade do homem*. Trata-se da parábola "O palhaço e a aldeia em chamas". Leia a parábola e, tomando-a por base, reflita sobre o papel daqueles que, no mundo de hoje, tentam falar da experiência religiosa, principalmente em contexto filosófico.

O PALHAÇO E A ALDEIA EM CHAMAS

Conta-se que certa vez, na Dinamarca, um incêndio atacou um circo ambulante. O dono do circo pediu imediatamente ao palhaço que fosse até o vilarejo avisar a população e pedir ajuda, pois o fogo podia consumir não só o circo, como também os campos e o próprio vilarejo. Ocorre, porém, que o palhaço já estava vestido e maquiado a caráter, porque o espetáculo ia começar. Ele não perdeu tempo e correu até a aldeia. Chegando lá, começou a gritar, pedindo ajuda e avisando a população, tal como o dono do circo lhe havia pedido. As pessoas, no entanto, pensavam que os gritos desesperados do palhaço eram um truque de propaganda para levá-las ao circo. Achavam esse truque tão bem-feito, que não paravam de aplaudi-lo. Morriam de rir. O palhaço insistiu como pôde, mas sua insistência só fazia aumentar os risos e aplausos, até que o fogo alcançou o vilarejo e destruiu tudo.

5. Leia o texto que transcrevemos abaixo, extraído das *Confissões* de Santo Agostinho (diálogo do pensador com Deus), e reflita sobre as questões que indi-

camos a seguir. Leia também o conto "Perdoando Deus", de Clarice Lispector, e compare as intuições da poetisa com as de Agostinho. Eis as questões para você refletir:

5.1. Uma experiência sublime, como deve ser a experiência religiosa, pode ser compatível com horrores vividos na existência cotidiana?

5.2. A divindade que percebemos em nossa experiência individual e representamos em nossa mente corresponde ao que a divindade é em si mesma?

5.3. Pesquise o modo como diferentes religiões interpretam o sofrimento humano e dão respostas ao enigma do mal. Em seguida, reflita se essas interpretações e respostas contêm racionalidade ou se são absurdas.

A INIQUIDADE NO MUNDO

Por experiência compreendi que não é de admirar se o pão, que é tão agradável ao paladar do homem sadio, parece tão detestável ao enfermo, e que a luz, tão cara aos olhos límpidos, seja desagradável aos olhos irritados. Tua justiça desagrada aos homens maus, e com maior razão lhes desagradam as víboras e vermes que criaste bons e de acordo com a parte inferior da criação. Com esta parte também os malvados estão de acordo, e tanto mais quanto mais diferem de ti. Por outro lado, os justos são tanto mais parecidos com os elementos superiores da criação quanto mais se tornam semelhantes a ti. E procurando o que era a iniquidade compreendi que ela não é uma substância existente em si, mas a perversão da vontade que, ao afastar-se do ser supremo, que és tu, ó Deus, se volta para as criaturas inferiores; e, esvaziando-se por dentro, pavoneia-se exteriormente.

SANTO AGOSTINHO. *Confissões*. Trad. Maria Luiza Jardim Amarante. São Paulo: Paulinas, 1984, pp. 179-80.

DICAS DE VIAGEM

Para você continuar sua viagem pelo tema da Religião, indicamos algumas pistas:

1. Aqui vão sugestões de filmes aos quais você pode assistir tendo em mente as reflexões que fizemos neste livro:

1.1. *Abraão – o profeta* (*Prophet Abraham*), direção de Mohammad-Reza Varzi, Irã, 2009.

1.2. *Alguém que me ame de verdade* (*Arranged*), direção de Diane Crespo e Stefan C. Schaefer, EUA, 2007.

1.3. *Amarcord*, direção de Federico Fellini, Itália, 1973.

1.4. *Andrei Rublev* (*Andrey Rublyov*), direção de Andrei Tarkovsky, Rússia, 1966.

1.5. *A religiosa portuguesa*, direção de Eugène Green, Portugal, 2008.

1.6. *Asas do desejo* (*Der Himmel über Berlin*), direção de Wim Wenders, Alemanha, 1987.

1.7. *Atabaque Nzinga*, direção de Octavio Bezerra, Brasil, 2007.

1.8. *Ateísmo – a breve história da descrença* (*Atheism – a Rough History of Disbelief*), documentário, direção de Richard Denton, minissérie, BBC, Inglaterra e Irlanda do Norte, 2004.

1.9. *Deus – A história das religiões*, documentário, distribuidor Log On Multimidia, EUA, 2009.

1.10. *Deus em questão* (*The Question of God*), documentário, direção de Catherine Tatge, EUA, 2004.

1.11. *Diário de um padre* (*Journal d'un curé de campagne*), direção de Robert Bresson, França, 1950.

1.12. *Et maintenant, on va où?*, direção de Nadine Labaki, Líbano, 2011.

1.13. *Fé*, documentário, direção de Ricardo Dias, Brasil, 1998.

1.14. *Firaaq*, direção de Nandita Das, Índia, 2009.

1.15 *História das religiões* (*History of Religions*), documentário, distribuidor Europa Filmes, EUA, 1999.

1.16. *Homens e deuses* (*Des hommes et des dieux*), direção de Xavier Beauvois, França, 2010.

1.17. *Islã, império da fé* (*Islam, Empire of Faith*), documentário, direção de Robert H. Gardner, Irã, 2000.

1.18. *Linha de passe*, direção de Daniela Thomas e Walter Salles, Brasil, 2009.

1.19. *Monty Python – o sentido da vida* (*The Meaning of Life*), direção de Terry Jones, Inglaterra, 1973.

1.20. *Na casa do meu pai há lugar para todos* (*Im Haus meines Vaters sind viele Wohnungen*), documentário, direção de Hajo Schomerus, Suíça, 2010.

1.21. *O Buda – a história de Siddharta* (*The Buddha – the History of Siddharta*), documentário, direção de David Grubin, EUA, 2010.

1.22. *O céu sobre os ombros*, direção de Sérgio Borges, Brasil, 2011.

1.23. *O homem na caixa de vidro* (*The Man in the Glass Booth*), direção de Arthur Hiller, EUA, 1975.

1.24. *O judeu*, direção de Jom Tob Azulay, Brasil, 1996.

1.25. *O pecado de Hadewijch* (*Hadewijch*), direção de Bruno Dumont, França, 2009.

1.26. *O sétimo selo* (*Det sjunde inseglet*), direção de Ingmar Bergman, Suécia, 1957.

1.27. *Quem tem vontade de ser amado?* (*Qui a envie d'être aimé?*), direção de Anne Giafferi, França, 2011.

1.28. *Séraphine*, direção de Martin Provost, França, 2008.

1.29. *Sob o sol de Satã* (*Sous le soleil de Satan*), direção de Maurice Pialat, França, 1987.

1.30. *Voodoo Princess*, direção de Anastasia Mouzas, Inglaterra e Irlanda do Norte, 2002.

1.31. *Zen*, direção de Banmei Takahashi, Japão, 2009.

2. Há boas obras literárias que abordam o tema da experiência religiosa, a relação entre Religião e arte,

Religião e poder, conflitos religiosos pessoais etc. Aqui vão algumas sugestões:

CAMUS, A. *A peste*. Trad. Valerie Rumjanek. Rio de Janeiro: Record, 1997.

DOSTOIEVSKI, F. *Os irmãos Karamazov*. Trad. Paulo Bezerra. São Paulo: Editora 34, 2008.

HESSE, H. *Narciso e Goldmund*. Trad. Myriam Moraes Spiritus. Rio de Janeiro: Record, 2003.

HILST, H. *Do desejo*. São Paulo: Globo, 2004.

HUYSMANS, J.-K. *Às avessas*. Trad. José Paulo Paes. São Paulo: Penguin & Companhia das Letras, 2011.

LISPECTOR, C. *Água viva*. Rio de Janeiro: Nova Fronteira, 1980.

———. "Perdoando Deus". In: *Felicidade clandestina – contos*. Rio de Janeiro: Rocco, 1998.

MANN, Thomas. *O eleito*. Trad. Lya Luft. São Paulo: Arx, 2002.

NASSAR, R. *Lavoura arcaica*. São Paulo: Companhia das Letras, 1989.

ROSA, G. *Grande sertão: veredas*. Rio de Janeiro: Nova Fronteira, 2000.

STENDHAL. *O vermelho e o negro*. Trad. Raquel Prado. São Paulo: Cosac Naify, 2003.

TOLSTÓI, Leon. *Onde existe amor, Deus aí está*. Trad. Victor E. Selin. Campinas: Verus, 2001.

———. *Padre Sérgio*. Trad. Beatriz Morabito. São Paulo: Cosac Naify, 2001.

VON LEFORT, Gertrud. *A última ao cadafalso*. Trad. Roberto Furquim. Petrópolis: Vozes, 1988.

LEITURAS RECOMENDADAS

1. Em primeiro lugar, recomendamos a leitura das obras que nos permitiram trilhar o caminho deste livro. Na medida do possível, citamos aqui traduções em língua portuguesa. Quando não for possível, indicaremos as obras em suas línguas originais:

AGOSTINHO DE HIPONA. *Confissões*. Trad. Maria Luiza Amarante. São Paulo: Paulinas, 1984.

─────. *O livre-arbítrio*. Trad., org., introd. e notas Nair de Assis Oliveira. 2ª ed. São Paulo: Paulus, 1995.

ARISTÓTELES. *De anima* (*A alma*). Trad. Maria Cecília Gomes dos Reis. São Paulo: Editora 34, 2006.

BATAILLE, G. *Teoria da religião*. Trad. Sérgio Goes de Paula e Viviane de Lamare. São Paulo: Ática, 1993.

CLIFFORD, W. K. "The Ethics of Belief". In: STUMP, E. & MURRAY, M. J. (orgs.). *Philosophy of Religion: the Big Questions*. Londres: Blackwell, 1999. Há uma tradução desse artigo em MURCHO, D. (org.). *A ética da crença – Clifford, James e Plantinga*. Lisboa: Bizâncio, 2010.

COX, Harvey. *A cidade do homem*. Trad. Jovelino Pereira Ramos e Myra Ramos. Rio de Janeiro: Paz e Terra, 1971.

DERRIDA, J. & VATTIMO, G. *A religião*. Vários tradutores. São Paulo: Estação Liberdade, 2000.

EPICURO. *Carta sobre a felicidade (a Meneceu)*. Trad. Álvaro Lorencini e Enzo del Carratore. São Paulo: Unesp, 1997.

ESPINOSA, B. de. *Tratado teológico-político*. Trad. Diogo Pires Aurélio. São Paulo: Martins Fontes, 2008.

FEUERBACH, L. *A essência do cristianismo*. Trad. José da Silva Brandão. Petrópolis: Vozes, 2011.

FREUD, S. *O futuro de uma ilusão*. Trad. Renato Zwick. Porto Alegre: L&PM, 2010.

HANSON, N. *Why I do Not Believe*. Dordrecht: Reidel, 1971.

INWAGEN, P. *The Possibility of Ressurrection and Other Essays in Christian Apologetics*. Boulder: Westview, 1998.

KANT, I. *Crítica da razão prática*. Trad. Valerio Rohden. São Paulo: Nova Cultural, 1984. Coleção "Os Pensadores".

KIERKEGAARD, S. *Post-scriptum aux miettes philosophiques*. Trad. P. Petit. Paris: Tel-Gallimard, 1949.

LEFORT, C. "Permanence du théologico-politique". In: *Essais sur la politique*. Paris: Seuil, 1986.

LUCRÉCIO. *Da Natureza*. Trad. Agostinho da Silva. São Paulo: Nova Cultural, 1988. Coleção "Os Pensadores".

MARX, K. *Crítica da Filosofia do Direito de Hegel*. Trad. Rubens Enderle e Leonardo de Deus. São Paulo: Boitempo, 2010.

MERLEAU-PONTY, M. *Em toda e em nenhuma parte*. Trad. Marilena de Souza Chaui. São Paulo: Nova Cultural, 1989. Coleção "Os Pensadores".

―――――. *Signes*. Paris: Gallimard, 2007.

MOUROUX, J. *L'expérience chrétienne*. Paris: Cerf, 1954.

NIETZSCHE, F. *O anticristo*. Trad. Rubens R. Torres Filho. São Paulo: Nova Cultural, 1987. Coleção "Os Pensadores".

OTTO, R. *O sagrado*. Trad. João Gama. Lisboa: Edições 70, 1992.

RICOEUR, P. "Poética e simbólica". In: LAURET, B. & REFOULÉ, F. *Iniciação à prática da teologia*. Trad. Carlos D. Vido. São Paulo: Loyola, 1992.

SCHLEGEL, F. *O dialeto dos fragmentos*. Trad. Márcio Suzuki. São Paulo: Iluminuras, 1997.

SCHLEIERMACHER, F. *Sobre a religião*. Trad. Daniel Costa. São Paulo: Novo Século, 2000.

STEIN, E. *A ciência da cruz*. Trad. Beda Kruse. São Paulo: Loyola, 1988.

TALIAFERRO, C. *Consciousness and the Mind of God*. Cambridge: Cambridge University Press, 1994.

TOMÁS DE AQUINO. *Suma contra os gentios*. Trad. Odilão Moura. Porto Alegre: Sulina, 1990.

VERGOTE, A. "La religion comme épreuve paradoxale pour la philosophie". In: CASTELLI, E. (org.). *La philosophie de la religion – l'herméneutique de la philosophie de la religion*. Paris: Aubier, 1977.

WINNICOTT, D. *Natureza humana*. Trad. Davi Litman Bogomoletz. Rio de Janeiro: Imago, 1990.

YANDELL, K. *The Epistemology of Religious Experience*. Cambridge: Cambridge University Press, 1993.

2. Além das obras que citamos, sugerimos alguns títulos que podem contribuir para você continuar sua reflexão sobre a experiência religiosa:

ALES BELLO, A. *Culturas e religiões – uma leitura fenomenológica*. Trad. Antonio Angonese. Bauru: Edusc, 1998. *A autora serve-se do método fenomenológico para debater a possibilidade e o sentido de abordagens comparativas entre diferentes culturas. Conclui com uma fenomenologia da Religião, estudando autores clássicos como Edmund Husserl, mas também pondo em diálogo dados religiosos de diversos tipos.*

ARMSTRONG, K. *Em nome de Deus*. Trad. Hildegard Feist. São Paulo: Companhia das Letras, 2009.

Estudo dos fundamentalismos desenvolvidos nos três grandes monoteísmos – judaísmo, cristianismo e islamismo. A autora aponta para a causa política dos fundamentalismos e não para um problema congênito das religiões.

———. *Uma história de Deus*. Trad. Marco Santarrita. São Paulo: Companhia das Letras, 2008.

Karen Armstrong analisa o modo como os três grandes monoteísmos conceberam e representaram a divindade. Aborda também o desejo humano de transcendência.

ATTIE FILHO, M. *Falsafa – A filosofia entre os árabes*. São Paulo: Palas Athena, 2002.

Apresentação panorâmica da cultura filosófica desenvolvida por autores islâmicos.

BASTIDE, R. *O candomblé da Bahia*. Trad. Maria Isaura P. Queiroz. São Paulo: Companhia das Letras, 2001.

Estudo pioneiro de Roger Bastide abordando o candomblé de diferentes perspectivas. Livro enriquecido com documentos vários.

BERGSON, H. *As duas fontes da moral e da Religião*. Trad. Miguel Serras Pereira. Coimbra: Almedina, 2005.
Obra magistral no tratamento da experiência religiosa. Henri Bergson une, num mesmo movimento reflexivo, a herança dos "santos" com a vocação dos "filósofos", enraizando seu pensamento no exercício da liberdade.

CATÃO, F. *Convivência e liberdade*. São Paulo: Paulinas, 1998. 4 vols.
Os quatro volumes propõem um itinerário de formação religiosa centrada numa análise da vida humana que toma a busca de sentido como determinante e plenamente realizável no encontro do Transcendente a que chamamos Deus. Estuda também a Religião como valor permanente nas diferentes culturas, a convivência e a tolerância, as instituições culturais etc.

———. *Em busca do sentido da vida*. São Paulo: Paulinas, 1993.
Partindo da situação existencial do ser humano, o autor trata do tema da experiência religiosa como resultante da busca de sentido, e enfrenta o tema premente do modo de falar de Deus na atualidade.

———. *O fenômeno religioso*. São Paulo: Letras & Letras, 1995.

Interessado em refletir sobre o ensino religioso, o autor compõe páginas rigorosas e iluminadoras sobre o fenômeno religioso, a relação entre Religião e vida etc.

CHERNG, W. J. *Iniciação ao taoismo*. São Paulo: Mauad, 2000. 2 vols.

O autor, que falava português fluentemente, responde às principais questões relativas à doutrina taoista.

CRESPI, F. *A experiência religiosa na pós-modernidade*. Trad. Antonio Angonese. Bauru: Edusc, 1999.

O autor aborda a experiência religiosa pondo em evidência suas dimensões trágicas e libertadoras.

CRUZ, E. *Teologia e ciências naturais*. São Paulo: Paulinas, 2011.

Coletânea de artigos sobre o encontro da Teologia com as ciências naturais e a tecnologia. Entre os temas abordados estão a Teologia Natural, a Filosofia da Religião, a relação entre mito, mística e conhecimento, a "religião da ciência", cosmologia e teoria da criação, realismo religioso, tecnologia e valores, bioética e transumanismo.

DEBRAY, R. *Deus, um itinerário – material para a história do Eterno no Ocidente*. Trad. Jônatas Batista Neto. São Paulo: Companhia das Letras, 2004.

O conhecido pensador marxista francês Régis Debray (convertido ao cristianismo) dedica-se ao estudo das formas pelas quais o Ocidente concebeu a divindade. Inicia pelos dados arqueológicos que atestam a crença em um ser divino e chega a fenômenos recentes, como a New Age, por exemplo.

DE LUBAC, H. *O drama do humanismo ateu*. Trad. Irondino Teixeira de Aguilar. Porto: Porto Editora, 1961.

Obra de aguda inteligência em que o pensador francês Henri de Lubac analisa o projeto, desenvolvido sobretudo durante o século XIX, de criar um pensamento humanista sem recurso a nenhum fundamento divino. Toma como modelos Feuerbach e Marx, Nietzsche e Auguste Comte, mostrando como esses autores são devedores de ideais religiosos e, muitas vezes, terminam por não conseguir desvencilhar-se deles.

ELIADE, M. *O sagrado e o profano. A essência das religiões*. Trad. Rogério Fernandes. São Paulo: Martins Fontes, 1996.

Mircea Eliade descreve a natureza da experiência religiosa com base na maneira como as pessoas de fé concebem o tempo e o espaço e os vivenciam. Embora algumas de suas posições sejam relativizáveis, a leitura da obra é muito instigante.

GARCÍA MORENTE, M. *O fato extraordinário*. Trad. Osvaldo Aguiar. São Paulo: Quadrante, 1989.

Manuel García Morente foi um dos mais conhecidos professores de Filosofia da Espanha no século XX. Nesse opúsculo, ele narra o processo de sua conversão religiosa, destacando elementos experienciais e teóricos muito úteis à reflexão.

GRECO, C. *A experiência religiosa – um roteiro de Filosofia da Religião*. Trad. Alda da Anunciação Machado. São Paulo: Loyola, 2009.

Estudo recente e atualizado em que o autor dedica-se não apenas a compreender a natureza da Religião como fato histórico, mas também a investigar teoricamente o sentido da experiência religiosa.

GUINSBURG, J. *Do estudo e da oração*. São Paulo: Perspectiva, 1968.

Estudo de elementos culturais e filosófico-religiosos do judaísmo.

GUTTMANN, J. *A filosofia do judaísmo*. São Paulo: Perspectiva, 2003.

Apresentação dos desenvolvimentos filosóficos no interior do judaísmo.

HABERMAS, J. *Entre naturalismo e religião*. Trad. Flávio Beno Siebeneichler. São Paulo: Tempo Brasileiro, 2007.

Os artigos reunidos neste volume concentram-se nas tensões entre naturalismo e religião, defendendo uma compreensão naturalista da evolução cultural do Ocidente e uma interpretação adequada das consequências secularizadoras que seriam inescapáveis, segundo Habermas, na tradição ocidental. Neste volume encontra-se o importante artigo "A religião na esfera pública".

HABERMAS, J. & RAZINGER, J. (BENTO XVI). *Dialética da secularização. Sobre razão e religião.* Trad. Florian Schuler. São Paulo: Ideias e Letras, 2007.

Este livro resulta do encontro promovido pela Academia Católica da Baviera, em 2004, entre Jürgen Habermas e o então cardeal Joseph Ratzinger (atual papa Bento XVI), em torno do tema da situação cultural de nosso tempo e das bases morais pré-religiosas de um Estado liberal.

JAMES, W. *As variedades da experiência religiosa – um estudo sobre a natureza humana.* Trad. Octavio Mendes Cajado. São Paulo: Cultrix, 1995.

William James foi um dos primeiros filósofos a dedicar-se à observação sistemática da experiência religiosa. Embora boa parte de suas conclusões seja hoje discutível (se não mesmo superada), a leitura dessa obra é imprescindível para o estudo da Religião.

JASPERS, K. *Os mestres da humanidade – Sócrates, Buda, Confúcio, Jesus.* Trad. Jorge Telles de Menezes. Coimbra: Almedina, 2003.

O filósofo Karl Jaspers toma como ponto de partida um fenômeno histórico muito curioso: por volta do século

VI a.C., deu-se uma profunda mudança de mentalidade em diferentes pontos do planeta (Índia, China, Grécia, Pérsia e Israel). Dessa mudança resultou a sabedoria que encontramos nas principais tradições filosófico-religiosas conhecidas.

LACAN, J. *O triunfo da religião & Discurso aos católicos.* Trad. André Telles. São Paulo: Zahar, 2005.

Texto intrigante no qual Jacques Lacan, declarando-se ateu, mas também apresentando-se como "enfant de cure" (coroinha), analisa o papel da Religião em meio ao mundo tecnocientífico e a reconhece como fonte permanente de sentido para a existência.

LAURET, B. & REFOULÉ, F. *Iniciação à prática da teologia.* Trad. Carlos D. Vido. São Paulo: Loyola, 1992.

Obra de introdução aos estudos teológicos, mas escrita por grandes especialistas em Filosofia e Teologia. Publicada na França em vários volumes, ela contém, no primeiro deles (o único traduzido no Brasil), estudos muito úteis à reflexão filosófica, por exemplo, aqueles dedicados às críticas da Religião e à abordagem analítica dos enunciados teológicos. Nesse volume também se encontra o inspirado artigo de Paul Ricoeur intitulado "Poética e simbólica".

LIMA VAZ, H. C. *Escritos de Filosofia I – Problemas de fronteira*. São Paulo: Loyola, 1986.

Primeiro volume da publicação sistemática dos escritos do pensador brasileiro Henrique C. de Lima Vaz, contendo preciosos artigos em torno da comunicação entre Filosofia e Religião, discutindo, inclusive, a relação entre trabalho e contemplação. Merece destaque o Capítulo XI, intitulado "A linguagem da experiência de Deus", pois traz grande clareza ao uso do termo "experiência".

———. *Experiência mística e filosofia na tradição ocidental*. São Paulo: Loyola, 2000.

Estudo histórico-filosófico rigoroso e erudito pelo qual Henrique de Lima Vaz resgata o sentido original do termo "mística", apresentando a experiência mística e a experiência política como os dois principais polos ordenadores da experiência humana: a abertura para o Absoluto e a abertura para o outro.

MARTELLI, S. *A Religião na sociedade pós-moderna – entre secularização e dessecularização*. Trad. Euclides Martins Balancin. São Paulo: Paulinas, 1995.

Obra relativamente recente, mas que já se tornou clássica nos estudos da Religião. Profundamente ligado à Sociologia, o autor opera uma análise aguda das mani-

festações religiosas na atualidade, tomando como orientação as concepções filosóficas de "pós-modernidade".

MASSIMI, M. & MAHFOUD, M. (orgs.). *Diante do mistério.* São Paulo: Loyola, 1999.

Coletânea de artigos que tratam de aspectos da experiência religiosa. Merecem destaque o depoimento de Adélia Prado, intitulado "Arte como experiência religiosa", e o artigo de Gilberto Safra.

MICHELETTI, M. *Filosofia analítica da Religião.* São Paulo: Loyola, 2007.

O autor constrói uma análise filosófica da Religião em continuidade com as tradições lógico-epistemológicas anglo-saxônicas, diferindo das abordagens historiográficas.

NICHOLSON, R. *Os místicos do Islã.* Trad. Julia Vidilli. São Paulo: Madras, 2003.

História geral do misticismo islâmico. É considerada uma das melhores apresentações do sufismo.

PANIKKAR, R. *Ícones do mistério.* Trad. Pedro Lima Vasconcellos. São Paulo: Paulinas, 2007.

Obra rica em inspiração poética para descrever formas de experiência religiosa, considerando os muitos elementos que compõem o cotidiano da vida moderna.

PEREIRA, R. H. S. (org.). *O Islã clássico.* São Paulo: Perspectiva, 2007.

Coletânea de artigos escritos por especialistas no Islã e que abordam aspectos culturais, históricos, filosóficos, científicos e religiosos.

RICOEUR, P. *Leituras 3 – Nas fronteiras da Filosofia*. Trad. N. Campanário. São Paulo: Loyola, 1996.

Levando a reflexão filosófica até seu limite, Ricoeur trata magistralmente de questões consideradas "fronteiriças" entre a Filosofia e outros saberes, entre os quais a Religião.

SORJ, B. *Judaísmo para todos*. Rio de Janeiro: Civilização Brasileira, 2011.

Apresentação das teses centrais do judaísmo e análise do modo como ele se incultura em diferentes contextos.

SOUZA NETO, F. B. *Jesus: anúncio e reflexão*. Campinas: IFCH, 2002.

Coletânea de artigos sobre o modo como diferentes pensadores conceberam a figura de Jesus de Nazaré (Tomás de Aquino, Hegel, Nietzsche, Reich, Bataille, entre outros).

VALLE, E. *Psicologia e experiência religiosa*. São Paulo: Loyola, 1998.

Obra introdutória ao que se poderia chamar de "psicologia da experiência religiosa", útil por resumir as principais tendências de análise psicológica da Religião e por propor sínteses bem articuladas, além de adaptadas a dados históricos latino-americanos.

VIVEIROS DE CASTRO, E. *A inconstância da alma selvagem*. São Paulo: Cosac Naify, 2011.
   Coletânea de textos de Eduardo Viveiros de Castro, antropólogo brasileiro de projeção internacional, nos quais o autor apresenta sua maneira inovadora de conhecer e interpretar a alma indígena, fundado principalmente em seu conceito de perspectivismo.

VV.AA. *Nietzsche e o cristianismo*. Petrópolis: Revista Concilium (ed. bras.), 1981, n. 5.
   Melhor estudo, em língua portuguesa, das relações entre Nietzsche e o cristianismo. Número da revista Concilium *dedicado especialmente ao tema, com artigos sobre a atualidade de Nietzsche, suas posições relativas à fé cristã, análises e estudos teológicos sobre o perspectivismo nietzschiano e a inocência do devir.*

WEIL, S. *A gravidade e a graça*. São Paulo: Martins Fontes, 1993.
   Ensaios da pensadora Simone Weil, escritos com força e profundidade, sobre sua experiência do mundo, inclusive de caráter religioso.

IMPRESSÃO E ACABAMENTO

YANGRAF
GRÁFICA E EDITORA LTDA.
WWW.YANGRAF.COM.BR
(11) 2095-7722